Schwanebeck | Loriot. 100 Seiten

AF239133

✻ Reclam 100 Seiten ✻

WIELAND SCHWANEBECK, geb. 1984, ist Literatur- und Kulturwissenschaftler. Er lehrt und forscht u. a. zu Humor und Populärkultur, schreibt für die Bühne und twittert unter @W_Schwanebeck. Bei Reclam erschien von ihm zuletzt *James Bond. 100 Seiten*.

Wieland Schwanebeck

Loriot. 100 Seiten

RECLAM

Für Sarah & Hendrik

2. Auflage

2023 Philipp Reclam jun. Verlag GmbH,
Siemensstraße 32, 71254 Ditzingen
Umschlaggestaltung: Philipp Reclam jun. Verlag GmbH
nach einem Konzept von zero-media.net
Infografik (S. 18 f.): annodare GmbH, Agentur für Marketing
Bildnachweis: S. 35: © IMAGO / Eventpress; S. 57: © IMAGO /
United Archives; S. 62: © akg-images / picture-alliance / dpa; S. 68:
© Katharina Pflug; S. 75: © United Archives GmbH / Alamy
Stock Photo; S. 81: Screenshot aus *Pappa ante Portas* (links), Wiki-
media Commons (rechts); S. 87: © IMAGO / Eventpress; S. 98:
© IMAGO / United Archives
Umschlagmaterial: Creative Print, Schabert
Druck und Bindung: Esser printSolutions GmbH,
Untere Sonnenstraße 5, 84030 Ergolding
Printed in Germany 2023
RECLAM ist eine eingetragene Marke
der Philipp Reclam jun. GmbH & Co. KG, Stuttgart
ISBN 978-3-15-020701-7

Auch als E-Book erhältlich

www.reclam.de

Für mehr Informationen zur 100-Seiten-Reihe:
www.reclam.de/100Seiten

Inhalt

Sprechen Sie Loriot?

Stellen Sie sich vor, man hat Sie zu einem geselligen Abend-
essen in größerer Runde eingeladen. Sie kennen niemanden,
würden aber gern mit Ihrem Gegenüber ins Gespräch kommen – allein, wie vorgehen? Den Bekanntenkreis auf gut Glück
nach potentiellen Schnittmengen zu durchforsten (»Kennen
Sie Hartmut Schöttel?«), scheint wenig aussichtsreich, und eine zwanglose Aufforderung zum Spiel wird Ihnen möglicherweise als Zeichen der Unreife ausgelegt (»Kennen Sie Schnipp-
Schnapp?«). Konversationsfibeln für Menschen, die sich nur
mit Stützrädern aufs gesellschaftliche Parkett trauen, empfehlen armselige Sprechblasen über das Wetter (»Es ist etwas kühl
für diese Jahreszeit«), aber mit denen kommen Sie auch nicht
weit. Denn es ist nicht allzu wahrscheinlich, dass Sie ausge-
hend von diesem kleinsten gemeinsamen Nenner elegant die
Kurve zu persönlichen Erlebnissen finden (»Ich bin Preisträger
des Salamo-Preisausschreibens«).

In Deutschland gibt es zumindest *einen* Weg, mit wildfrem-
den Menschen ins Gespräch zu kommen, ohne sich vorher in
Statistiken über die Niederschlagsmenge zu vertiefen: Man
spricht *Loriot*. Obwohl die Wenigsten von uns den Klassiker Loriot in der Schule behandelt haben dürften, tragen viele Men-

schen seine Sätze, wie der Philosoph Odo Marquard einmal gesagt hat, »als eiserne Schmunzelration« in ihrer Erinnerung. Dabei gelingt Loriot ein unwahrscheinliches Kunststück. Einerseits verfügt er über nahezu universelle Bekanntheit – oder sagen wir: universelle Bekanntheit *hierzulande*, denn leider ist Loriot nur in Deutschland weltberühmt. Andererseits gilt er vielen als Kultobjekt, über das sich die Eingeweihten in einem eigenen Geheimcode unterhalten. Ihnen genügt meist ein kurzer Satz (»Die Ente bleibt draußen!«), manchmal auch nur einzelne Codewörter (»Ein Klavier! Ein Klavier!«) oder gar eine onomatopoetische Äußerung (»Holleri-du-dödl-di!«, »Kraweel!«).

Kein Wunder, dass es zahlreiche verbriefte Beschwerden über die geradezu penetrant zitierfreudigen Loriot-Jünger gibt. Sie finden sich auch in den *Cartoons für Loriot* (2012), einem Buch mit Hommagen bekannter Karikaturisten. Darin lässt ©TOM einen Cartoonisten »in der Hölle für Loriot-Hommagen« den gesamten Band verzehren, wozu der Teufel hämisch grinst: »Schmeckt's?«

> »Wir haben Amnesty International. Wir haben Terre des Hommes. Wir haben Ärzte gegen den Atomkrieg. Wer greift eigentlich ein, wenn jemand im Restaurant vierzig Minuten lang ›unheimlich gut‹ Loriot-Sketche nacherzählt?«
> (Harald Schmidt in seinem Programm *Schmidtgift*, 1996)

Solche Klagen kann ich nachempfinden. Schließlich mag ja auch keiner die nimmermüden Witzeerzähler, die in geselliger Runde auch nach der 30. Zote nicht den Schnabel halten können (»Na gut, *einen* hab ich noch!«). Trotzdem würde ich immer gern bei den anstrengenden Leuten am Nebentisch sitzen, die glücklich sind, wenn sie eine Weile *Loriot* sprechen dürfen. In der Soziologie des Witzeerzählens weiß man um die Wichtigkeit der ›Lachgemeinschaften‹: jener Gruppen, die spontan über alle Standes- und Glaubensgrenzen hinweg durch eine Pointe entstehen und in denen es zumindest für die Dauer des Gelächters einträchtiger und basisdemokratischer zugeht als in jeder Bundestagsdebatte. Die Loriot-Jünger sind eine nostalgische Subspezies der Lachgemeinschaft, denn sie werden von Pointen geeint, denen das Überraschungsmoment längst abhandengekommen ist. Das macht den geteilten Zitatenschatz aber nur noch wichtiger, adelt ihn gar als Bestandteil eines geheiligten Rituals.

Vokabeln wie ›Ritual‹ gefallen mir im Zusammenhang mit Loriot eigentlich nicht, denn sie lassen sein Werk nach einem Museumsstück klingen. Die vielen Zeichnungen, Dialoge und (Kurz-)Filme, die Vicco von Bülow hinterlassen hat, befinden sich aber glücklicherweise nicht hinter Glas und werden auch nicht bloß gelegentlich von geschulter Hand berührt und abgestaubt. Loriot ist immer noch allgegenwärtig – Kalender und Postkarten mit seinen Cartoons erfreuen sich ebenso ungebrochener Beliebtheit wie die DVDs mit seinem Sketch-Archiv, von weiteren Fanartikeln wie z. B. Kartenspielen, Salzstreuern und Buchstützen ganz zu schweigen. Um Loriot komisch zu finden, bedarf es keiner erklärender Fußnoten, und seine Gags sind für uns alle gemacht, die wir in der Mehrzahl nicht Philosophie studiert haben, geschweige denn Pilgerfahrten nach Bayreuth unternehmen. Loriot erzählt von *uns*, und seine Figuren bleiben schon allein deshalb alterslos, weil sie eigentlich schon immer aus der Zeit gefallen waren. Das omnipräsente Knollennasenmännchen ist dafür das beste Beispiel: ersonnen in den 1950er Jahren, aber gekleidet in die Mode der 1920er.

Es stimmt, dass Loriot für die Fernsehnation stets der freundliche ältere Herr auf dem Sofa geblieben ist und ab und zu mit dem Image des ebenso sturen wie schrulligen Opas Hoppenstedt kokettiert hat. Doch seine Arbeiten verraten eine genaue Kenntnis der Gegenwart, scheinen zum Teil sogar die Zukunft vorwegzunehmen. In Zeiten omnipräsenter Selfies und ständigen Zwangs zur Selbstdokumentation wirken seine bereits in den 1960er Jahren gezeichneten Urlauber, die ihre Umgebung ausschließlich durch den Sucher des Fotoapparats erkunden, sehr prophetisch; in einer Zeitungskolumne Ende der 1950er Jahre erfindet Loriot vorsorglich den Videoschiedsrichter im Profifußball; und Frau Hoppenstedts Versuch, sich im Diplom-Jodelkurs zu entfalten, wirkt auch nicht mehr so ganz absurd – in der legendären Villa Aurora in Kalifornien werden inzwischen sogar Kurse über das Jodeln als Kulturtechnik veranstaltet.

Wir sind alle Loriot

Auch in *meinem* Alltag komme ich nicht an Loriot vorbei. Damit meine ich nicht bloß jene Gelegenheiten, wenn bestimmte Stichwörter fallen, auf die man sich im Geist sofort den passenden Loriot-Reim macht. (Berichten mir Freunde von Ausflügen nach Bozen, frage ich mich unweigerlich, ob auf dem dortigen Campingplatz die Waschräume wirklich separat liegen.) Nein, ich denke vor allem an die Momente, in denen das eigene Leben einer Loriot-Szene zu ähneln beginnt. Das Bild, das ich in meinem Büro leicht schief aufgehängt habe, wird mich über kurz oder lang in den Wahnsinn treiben. Unbeirrt teilt meine kleine Tochter ihre Sicht auf die Welt auch dann mit, wenn ihr Nudeln im Gesicht kleben. Hin und wieder drehe ich in fremder Umgebung mit klebrigen Obstschalen in der Hand Pirouetten, weil ich den nächsten Mülleimer nicht finden kann, und gelegentlich mag es in unserem Haushalt auch vorgekommen sein, dass eine unzureichend erhitzte Suppe mit den Worten reklamiert wurde: »Das können Sie Ihren Gästen in Neapel anbieten – *hier* kommen Sie damit nicht durch!«

Seltsam, dass wir uns im Deutschen zwar die Adjektive ›kafkaesk‹ und ›freudianisch‹ leisten, aber Loriot (noch) nicht mit einer entsprechenden Wendung geadelt haben. Mit diesem Gefühl scheine ich nicht allein dazustehen. Der Hashtag #Loriot markiert auf Twitter zahlreiche kleine Alltagsvignetten, die aus dem Hoppenstedt-Universum stammen könnten: wenn Kommunikation schiefläuft, wenn der Bundestagswahlkampf absonderliche Blüten treibt, oder wenn weihnachtlicher Gemütlichkeitszwang für Beklemmungen sorgt.

Vermutlich geht es *Ihnen* nicht viel anders, sonst hätten Sie nicht zu diesem Buch gegriffen. Möglicherweise haben auch Sie schon einmal dem Drang widerstehen müssen, im Spielzeuggeschäft plötzlich in die altersheisere Stimme von Opa Hoppenstedt zu verfallen und sich zu erkundigen, ob man hier auch mit Spielgeld bezahlen könne. Ja, vielleicht haben Sie auch für sich gedacht, als Sie diesen Band in die Hand nahmen: Schau an, der ist ja schaumolweiß, also »noch etwas weißer als weiß«. Sollte nichts davon auf Sie zutreffen, heiße ich Sie dennoch herzlich willkommen, denn es ist nie zu spät, noch den Weg zu Loriot zu finden und sich mit dem beliebtesten deutschen Humoristen vertraut zu machen. Kann man Popularität überhaupt messen? Otto Waalkes und Michael »Bully« Herbig haben mehr Menschen ins Kino gelockt, bei den Tonträgerverkäufen dürften Mike Krüger und Fips Asmussen die Nase vorn haben, und die Ränge des Berliner Olympiastadions hat Loriot mit seinen bekanntesten Nummern auch nie gefüllt (»Hier, Frühstückssei! Morgens, vier Minuten, und die Olle so, ne? Kennste? Kennste?«).

Entscheidender dürfte aber sein, dass Loriot im Gegensatz zu seinen hier erwähnten Kollegen bei niemandem Augenrollen und heftige Abwehrreaktionen provoziert. Er ist niemals das geworden, was man in England unter Bezug auf eine eigentümlich schmeckende Hefepaste, an der sich die Geister scheiden, ein *marmite phenomenon* nennt, das die Menschheit sauber in leidenschaftliche Befürworter und erbitterte Gegner teilt. Vielmehr besteht eine imposant hohe Schnittmenge zwischen denjenigen, die Loriot kennen und mit seinem Werk vertraut sind, und jenen, die sich auch als Fans bezeichnen würden. Einer IfD-Umfrage aus dem Jahr 2008 zufolge kannten damals 90 Prozent der Deutschen Loriot, und 70 Prozent schätzten seine Arbeit, quer durch alle Altersstufen und sozialen Milieus. Selbst die von allzu viel »Herren im Bad«-Rezitationen Genervten tragen also dem Urheber des Knollennasenmännchens, des Saugblasers ›Heinzelmann‹ und des Bettenmodells ›Andante‹ (»mit Spannmuffenfederung in Leichtmetall«) kaum etwas nach.

Als Loriot 2011 starb und sich Feuilletons wie Politik vor ihm verneigten, da erzählte jeder Nachruf auch ein bisschen von demjenigen, der ihn verfasst hatte, denn Loriot hatte für viele zur Familie gehört. Der damalige Bundespräsident Christian Wulff bescheinigte Loriot: »Wir haben durch ihn lachen gelernt«, und das gilt sowohl für die steife Wirtschaftswundernation, der Loriot einst ein paar dringend benötigte Lockerungsübungen verschrieb, als auch für uns persönlich, die wir mit seinen Bildern und Sketchen aufgewachsen sind. Wüssten wir noch zu sagen, was wir aus diesem enormen Fundus zuerst kennengelernt haben? Wohl kaum – Loriot gehört zur Familie, er war schon immer dabei. Oder wissen Sie etwa ganz genau, was zuerst kam? Das Huhn, das Ei oder die Beschwerde »Berta, das Ei ist hart«?

Wie kommt man an den Stoff?

Loriots Fernseharbeiten sind nie über längere Zeit vom Bildschirm verschwunden, allenfalls hat sich der Zugriff auf eine ›Referenzedition‹ aufgrund der unterschiedlichen kursierenden Schnittfassungen etwas komplizierter gestaltet. Die unvollständige Ausgabe *Sein großes Sketcharchiv* ist 2007 durch die aus sechs DVDs bestehende *Vollständige Fernseh-Edition* ersetzt worden, auf deren Cover der Rennbahnbesucher (»Wo laufen sie denn?«) durchs Fernglas blickt, den Loriot zur Bebilderung eines Wilhelm-Bendow-Sketchs gezeichnet hat. Wer diese Edition im Regal hat, dürfte sich nicht so schnell von ihr trennen und sie auch bei der nächsten Generation noch in guten Händen wissen (sofern diese noch willens und fähig ist, von einer DVD Gebrauch zu machen). Im Unterschied zu seinen beiden Kinofilmen haben Loriots Sketche noch nicht den Weg auf die einschlägigen Streaming-Plattformen gefunden – noch nicht einmal die Folge *Weihnachten bei Hoppenstedts.* Allerdings steigt diese als Einzel-DVD zum Jahresende immer wieder so zuverlässig in die Charts ein wie »Last Christmas«, die von Wham! eingesungene englische Vertonung von »Früher war mehr Lametta«.

Die Würdigung eines Künstlers
im Rahmen des Mediums Buch

Mir fällt es am Anfang eines Buchs notorisch schwer, mein Vorhaben einzugrenzen. Aber bevor sich diese Einleitung zu einer Präambel wie jener des Karnevalsvereins in *Ödipussi* (1988) auswächst, der wahrscheinlich *immer noch* auf der Suche nach seinem endgültigen Namen ist (»Verein für Karneval *trotz* Frau und Umwelt?«), verrate ich Ihnen kurz, was ich im Folgenden *nicht* tun werde. Weder werde ich eine erschöpfende Analyse des Loriot'schen Werks noch eine lückenlose Biographie vorlegen. Ausgiebiger zum Werdegang Loriots kann man sich an anderer Stelle belesen, etwa in der von ihm selbst stammenden autobiographischen Skizze im Band *Möpse und Menschen* (1983) oder dem nicht minder lesenswerten Buch *Der Glückliche schlägt keine Hunde* (2013), in dem Loriots ehemaliger Regieassistent Stefan Lukschy zahllose wunderbare Geschichten versammelt hat.

An einer streng akademischen Analyse werde ich mich ebenfalls nicht versuchen, denn es gibt bereits eine Reihe fundierter germanistischer und kommunikationswissenschaftlicher Studien zu Loriots Schaffen, von denen sich einige in den abschließenden Lektüretipps gelistet finden. Den Wert solcher Arbeiten möchte ich nicht in Abrede stellen, aber sie bergen zwei Gefahren, die ich gern umschiffen möchte. Einerseits wird Loriots Werk in solchen Untersuchungen gelegentlich nur als Illustration z. B. psychologischer Konzepte herangezogen, andererseits neigt der wissenschaftliche Jargon gelegentlich zur Selbstparodie. Sicher braucht es keinen weiteren Band, in dem abermals nachvollzogen wird, wie bei Loriot durch »die Hinzufügung kontrastierender Ingredienzien [...] ein komisches Gefälle entstehen« kann (Patrick Süskind). Falls Sie nicht gerade ein seriöses Forschungsinteresse verfolgen, empfiehlt sich die Lektüre mancher dieser wissenschaftlichen Analysen allenfalls in Verbindung mit einem Trinkspiel. Greifen Sie jedes Mal zum Schnapsglas, wenn z. B. das Wort »Kontrastkomik« fällt, und Sie werden bereits am Schluss der Einleitung so besoffen sein wie ein Vertreter der Firma Pahlgruber & Söhne nach einem vorweihnachtlichen Verkaufsbesuch.

Natürlich werden auf den folgenden Seiten sowohl wichtige Stationen von Loriots Werdegang geschildert als auch wissenschaftliche Perspektiven auf seine Arbeit berücksichtigt. Im Vordergrund steht für mich aber eine unterhaltsame Annäherung an die wichtigsten Themen des Loriot-Universums, die zugleich Lust auf eine Wiederbegegnung mit Herrn Hallmackenreuter, Frau Direktor Bartels und Dichterfürst Lothar Frohwein bereiten soll. Unvorhergesehene Heiterkeitsausbrüche in der Nachkriegszeit werden dabei ebenso eine Rolle spielen wie bürgerliche Tugend und Etikette, das Essen, die Medien sowie das Verhältnis der Geschlechter. Die Auswahl der thematischen Schwerpunkte wie auch der Beispiele ist natürlich rein subjektiv. Lassen Sie uns gern darüber streiten, wo ich Ihrer Meinung nach danebengelegen oder etwas übersehen habe. Wenn wir uns über den Weg laufen, dann rufen Sie einfach »Melusine!«, ich antworte mit »Kraweel!«, und schon werden wir uns erkannt haben.

Na, wer hat Lust auf Humoranalyse?

Es gibt mehrere Wege, um einen Witz zu töten. Man kann ihn falsch oder zu oft erzählen, erklären oder analysieren. Loriot führt das im Sketch »Filmanalyse« mustergültig vor. Dort debattieren Experten über einen fünfsekündigen Ausschnitt aus dem Buster-Keaton-Film *Cops* (1922). Er wird zigfach eingespielt, seine Komik wird aber von den Diskutanten konsequent übersehen. Im Vordergrund steht die politische Sprengkraft der kurzen Slapstick-Nummer, und wohl nicht ganz zufällig sitzt der arrogante Professor rechts, der klassenkämpferische Journalist dagegen links im Bild. Buster Keatons Auftauchen aus dem Mülleimer wird als Misshandlung des modernen Menschen durch das Großkapital gelesen und in der Tradition der Tragödie verortet. Immerhin gesteht der Professor zu, beim Anblick des Mannes im umkippenden Mülleimer sei »die Gefahr der Unterhaltung nicht ganz auszuschließen«.

Wer den hier karikierten Jargon für überzogen hält, vertiefe sich in die Lektüre des 180-seitigen Booklets, das der Buster-Keaton-Kurzfilmkollektion beigegeben ist und in dem drei Kenner die Filme u. a. psychoanalytisch ausdeuten. Früher habe ich selbst Dekonstruktion und Diskursanalyse betrieben –

an manchen Tagen sogar schon vor dem Frühstück. Deshalb kann ich mich über den »Filmanalyse«-Sketch amüsieren und gleichzeitig Sympathie für die beiden Experten hegen. Ihre (Pseudo-)Analyse geht gar nicht mal so sehr am Thema vorbei. Immerhin mischt Buster Keaton in *Cops* versehentlich eine Polizeiparade auf, wird irrtümlich für einen Terroristen gehalten und dann den Rest des Films von den Hundertschaften des Polizeistaats gejagt. Da muss man eigentlich gar nicht allzu tief im Mülleimer nach den politischen Subtexten wühlen.

Aber ich glaube, Loriot will hier auch gar nicht demonstrieren, dass Komik ›in Wahrheit‹ immer unpolitisch ist. Er wehrt sich gegen die Unterstellung, sie verdiene nur dann ernst genommen zu werden, wenn sie mehr ist als ›bloß‹ Komik. Schon Robert Gernhardt hat sich über das vergiftete Loriot-Lob der Feuilletons gewundert. Liegt Loriots Genialität wirklich darin, dass seine Einfälle die Tragödie streifen, und nicht vielmehr darin, dass sie sehr komisch sind? Gernhardt dazu in dem posthum erschienenen Buch *Was gibt's denn da zu lachen?* (2008):

> »Der Koch, der ständig zu hören bekommt, seine besten Soßen seien die, die die Grenze zur Suppe streiften, wird irgendwann auch richtige Suppen kochen wollen. Wo doch gerade gute Soßenköche so selten sind und jeder nicht genug gepriesen werden kann, der es versteht, den Kloß des Lebens durch die Soße der Komik ein klein wenig schmackhafter und verdaulicher zu machen.«

Denselben Zorn lese ich aus einer Kritik heraus, die Stephen Fry einer soziologischen Analyse des britischen Satiremagazins *Private Eye* gewidmet hat, nachzulesen in seinem Buch

Paperweight (1992). Er weist die Unterstellung zurück, *Private Eye* verdanke seine Beliebtheit dem kalkulierten Tabubruch und dem kritischen Blick auf die Eliten, und urteilt: »Blödsinn. Das Heft wird aus einem einzigen Grund gelesen: weil es komisch ist.«

Dass ich diese Überlegungen voranstelle, wirkt vielleicht ein wenig seltsam, denn auch ich werde im Weiteren u. a. auf soziologische und kulturwissenschaftliche Lesarten von Sketchen zurückgreifen, die natürlich bloß deshalb echte Klassiker sind, weil viele Menschen sie immer noch lustig finden. Loriot wäre nicht so beliebt, wenn er nur bei *Cicero*-Abonnenten ankäme, die nach Feierabend gern in kulturhistorischen Dissertationen über die Adenauer-Jahre schmökern. Genauso sauer stößt mir Joachim Kaisers Behauptung auf, nur die Barbaren könnten Loriots Lächeln widerstehen, so als müsse man im Umkehrschluss das Barbarische in sich unterdrücken, um bei Loriot herzhaft lachen zu können. Das ist ein sehr platter Versuch der Eliten, Loriot ganz für sich zu beanspruchen. Er geht mit einer Reihe weitverbreiteter Fehleinschätzungen einher, die das Bild von Loriot prägen und die ich kurz widerlegen möchte.

1. Fehleinschätzung:
Bei Loriot gibt es keine Schadenfreude

An mindestens einem der verbreiteten Fehlurteile über sich ist Loriot selbst nicht ganz schuldlos, denn er hat sich sehr deutlich gegen das *Ver*lachen ausgesprochen: »Schadenfreude ist etwas, was mir völlig fehlt. Sie hat auch nichts Komisches.« Ich glaube ihm kein Wort. Denn warum legt er diese Mahnung an anderer Stelle ausgerechnet dem drögen Schwippschwager Hellmuth in *Pappa ante Portas* (1991) in den Mund, der seinen Neffen Dieter im Zug darüber belehrt, es gehöre sich nicht, über das Missgeschick eines Menschen zu spotten. Wenn das Verspotten völlig gegen die Natur des freudlosen Asketen geht (»Hellmuth und ich essen ausreichend, aber einfach«), der sich in sechs Jahren Verlobungszeit für seine Hedwig aufgespart hat – müssen wir dann nicht automatisch schlussfolgern, dass ein wirklich sinnlicher Genussmensch, der das Leben zu genießen versteht, auch um den Wert der Schadenfreude weiß?

In der Komikforschung kursieren drei Haupttheorien darüber, weshalb und mit welcher Stoßrichtung eigentlich gelacht wird. Mit dem Namen Sigmund Freud verbindet sich die Theorie der psychischen Erleichterung (das Lachen hilft uns als Ventil, um mentalen Druck abzulassen), mit Henri Bergson die Inkongruitätstheorie (gelacht wird über unterlaufene Erwartungen bzw. angesichts einer Kluft zwischen Anspruch und Wirklichkeit), und mit Philosophen wie Thomas Hobbes, die vor der hässlichen Fratze des Spötters warnen, die Theorie des *Ver*lachens. Glaubten wir Loriot, könnten wir bei einer Betrachtung seines Werks das Verlachen ausklammern und wären mit der Inkongruenz und dem freudianischen Modell bestens bedient. Das Problem ist nur, dass sich die Theorien in der Praxis ständig mischen. Ein Lachanlass kann schon deswegen kaum mit nur einer Theorie beschrieben werden, weil die drei Modelle Äpfel mit Birnen (oder sagen wir: Marzipankartoffeln mit Schützenpanzerwagen) vergleichen. Wird eine Situation strukturell mit dem Inkongruenzmodell erfasst (»Was hat mich hier zum Lachen gebracht?«), ist noch nichts über die

Moral gesagt (»Habe ich *mit* jemandem oder *über* jemanden gelacht?«).

Ein schönes Beispiel für die fröhliche Durchmischung der verschiedenen Erklärungsansätze ist der Sketch »Zimmerverwüstung«, in dem sich aus der harmlosen Beobachtung eines schiefhängenden Bildes eine Katastrophe entspinnt. Es ist einer der quintessentiellen Loriot-Sketche, schon weil er Loriots typisches Vorgehen so schön auf den Punkt bringt.* Der Sketch beginnt mit der Basisdefinition von Inkongruenz – etwas ist nicht so, wie es sein soll (»Das Bild hängt schief!«) –, und im weiteren Verlauf führen alle Versuche, diesen Zustand zu bereinigen, nur umso mehr in die Verwüstung. Die psychische Angespanntheit der Situation lässt die Katastrophe dann auch als freudianische Entladung erlebbar werden; schließlich will der unglückselige Herr, möglicherweise ein Vertreter, bei den Herrschaften bloß nicht anecken und tut dann wortwörtlich genau dies, und zwar an jeder Tischkante. Und ist es nicht allzu offensichtlich, dass auch eine gute Portion Schadenfreude im Spiel ist, wenn wir diesem Pechvogel dabei zusehen, wie er noch den letzten Nippes-Gegenstand vom Schrank fegt? Möglicherweise ist es auch Schadenfreude gegenüber der nicht persönlich auftretenden »gnädigen Frau«, die diesen überfrachteten Wohnalptraum geschaffen hat – in diesem Zusammenhang sei Eckhard Pabsts wunderbare Analyse der »Zimmerverwüstung« empfohlen, die das unbewohnbare Angeber-Interieur punktgenau charakterisiert: »Eigentlich kann man diesen Raum nur richtig nutzen, wenn man ihn nicht nutzt.«

* »Ich liebe die Ordnung, weil es ungeheuer reizvoll ist, sie zu unterlaufen.« (Loriot)

Anhand der »Zimmerverwüstung« lässt sich dann gleich ein weiteres Fehlurteil entkräften, nämlich dass Loriots Humor ausschließlich vom gesprochenen Wort leben soll.

2. Fehleinschätzung:
Loriots Humor ist rein verbal

Ohne Frage zählt Loriot zu den größten Wortkomikern der deutschen Sprache; nicht umsonst werden seine Dialoge von Jung und Alt zitiert. Über Loriots Verbalhumor hat Felix Christian Reuter eine eigene Untersuchung vorgelegt (*Chaos, Komik, Kooperation*, 2016), die im Detail aufschlüsselt, wie in den Sketchen Werbesprache und Verwaltungsdeutsch parodiert, mit Mehrdeutigkeit gespielt und ungelenker Fachjargon in die Alltagssprache eingebaut wird. Allein die Namen bei Loriot gäben Stoff genug für ein eigenes Buch, genauso wie seine auffällige Vorliebe für den Umlaut (*Blühmel*, *Klöbner*, *Blöhmann*).

Es greift aber zu kurz, Loriot ausschließlich für seine Wortkomik zu rühmen. Dass er auch den Slapstick schätzt, merkt man nicht nur an der »Zimmerverwüstung«, seiner dramatischsten und am schnellsten in die Katastrophe schlitternden Nummer. Wir merken es auch an Loriots Verbeugung vor den großen Vorbildern, besonders Buster Keaton, dessen akrobatische Stunts er Chaplins didaktischeren Filmen vorzieht. Ein Keaton-Film steht im Zentrum der »Filmanalyse«; und einen von Keatons berühmtesten visuellen Gags, den durchs Dach schießenden Fahrstuhl aus dem unübertroffenen *The Goat* (1921), greift Loriot in einer Karikatur in den 1950er Jahren auf. Löst man sich erst einmal von der Vorstellung, Loriot beherr-

sche allein die *verbale* Komik – ohnehin eine seltsame Ein-
schätzung für einen Absolventen der Kunstakademie, der erst
nach fast 20 Jahren als hauptberuflicher Zeichner begann,
Fernsehdialoge zu schreiben –, dann entdeckt man auch die
überforderten Polizisten wieder, die sich in ihren Sicherheits-
gurten verheddern, die an *What's up, Doc?* (dt. *Is' was, Doc?*,
1972) erinnernden vertauschten Koffer am Gepäckband und
seine Jacques-Tati-haften Bewegungen, wenn er in *Ödipussi*
das Mobiliar umkurvt, um seinen Hefezopf zu servieren.

Loriot, der privat den *practical joke*, also die kreative Veral-
berung pflegte und seinem Freund Stefan Lukschy zufolge bei
Weinverkostungen im Restaurant gern Hustenanfälle simu-
lierte, beherrscht den Nonsens, das Groteske und den schwar-
zen Humor, auch wenn das im Gedächtnis weniger präsent ist.
Die meisten dürften noch aufsagen können, was dem unglück-
seligen Förster im *Adventsgedicht* widerfährt, aber vielleicht
haben nicht mehr alle parat, dass der Spielzeugladen, in dem
Opa Hoppenstedt das kleine Atomkraftwerk erwirbt, auch eine Puppenguillotine mit richtigen Splatter-Effekten im Ange-
bot hat.

3. Fehleinschätzung:
Loriots Humor ist ›trocken‹

Am verbreitetsten ist das geradezu inflationär verwendete Ur-
teil, Loriot habe den *trockenen* Humor gepflegt. Das Adjektiv
»trocken« hat bislang noch jede Untersuchung zu Loriot heim-
gesucht; so zuverlässig, wie kein Artikel über Otto Waalkes
ohne das Wort »Blödelbarde« und keiner über Helge Schneider
ohne den Begriff der »singenden Herrentorte« auskommt. Ge-

meint sein dürfte die Technik, Pointen nicht durch den Lautsprecher zu annoncieren, also das vermeintlich britische Understatement zu pflegen. Loriot selbst rühmt sich 1957 in einem Brief an den Verlag Bärmeier & Nikel des »trockenen, präzisen Legendenstils« seiner Zeichnungen.

Widersinnig finde ich das Etikett des ›trockenen Humors‹ gleichwohl. Der Humor leitet sich ja von der klassischen Lehre der Humoralpathologie her, die das Gleichgewicht der Körpersäfte im Auge behält. Wer besonders viel auf seinen gesunden Humor hält, müsste ihn also korrekt als ›angemessen saftig‹ bezeichnen, aber sicherlich nicht als trocken. Möglicherweise ist das eine jener tradierten Paradoxien, die man hinnehmen muss, wenn man sich keine gesellschaftliche Blöße geben will – mir ist auch nie ganz geheuer, wenn Menschen mit weltmännischer Gelassenheit davon ausgehen, eine so stringent flüssige Angelegenheit wie Weißwein könne trocken sein. Kann *irgendetwas* trocken sein, das richtig komisch ist? Robert Gernhardt unterscheidet in seiner nicht ganz ernst gemeinten Feldtheorie der Komik fünf etablierte Genres im westlichen Kulturkreis, »denen fünf Weisen des Körpers entsprechen, sich zu entladen und zu leeren«. Im Gegensatz etwa zum Thriller, der Schweißausbrüche verursache, wolle die Komödie, »daß Tränen gelacht werden, bzw. daß sich die Adressaten vor Lachen bepissen«. Wer bei Loriot darauf besteht, trocken zu bleiben, der hat ihn gar nicht verdient.

— »Wussten Sie schon...?« —

Nicht nur bei Loriot gilt: Komik entsteht durch Wiederholung. Hier einige besonders denkwürdige Zahlen.

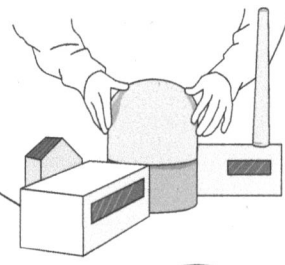

1× macht das Atomkraftwerk bei Hoppenstedts »puff«.

2× zieht Paul Winkelmann seiner Mutter den Hut über den Kopf.

3× erkundigt sich Herr Moosbach, was Trumpf ist.

4 Flaschen Sch... Sch... Château Lafite öffnet Herr Blühmel.

5× wird nachgefragt, ob die Kalbshaxe »Florida« schmeckt.

6× kommen die Klavierträger bei Familie Panislowski zur Tür herein.

7× stellt sich der Lottogewinner Erwin Lindemann vor.

8× fällt bei Hoppenstedts am Heiligabend das Wort »gemütlich«.

9× wird die viereinhalb-minütige Kochzeit des zu harten Eis erwähnt.

10× fällt der Name von Herrn Doktor Klöbner bei den Herren im Bad.

11× wird Hildegard in »Die Nudel« namentlich angesprochen.

———————— Besondere Häufungen ————————

17× wird in »Die Jodelschule« die Silbe »dudl« wiederholt.

52× macht Bello, der sprechende Hund, »Ho«.

76 »th«-Laute muss die Sprecherin in der »Englischen Ansage« produzieren.

Lebenslauf des Vicco von Bülow, genannt Loriot

Bernhard-Viktor Christoph-Carl von Bülow kommt am 12. November 1923 in Brandenburg an der Havel zur Welt. Der Junge, der schon früh von allen nur ›Vicco‹ gerufen wird, witzelt später, seine Strampelhose habe zu Zeiten der Inflation 480 Milliarden gekostet – »eine Summe, die heute etwa dem Jahreshaushalt der Bundesrepublik entspricht«. Nach der Trennung der Eltern und dem Tod der Mutter Ende der 1920er Jahre verbringen Vicco und sein Bruder Johann-Albrecht einige Jahre im gemeinsamen Haushalt der Oma (Jahrgang 1875) und der Uroma (Jahrgang 1855) in der Pariser Straße in Berlin, im »warmen großmütterlichen Nest«, wie es Loriot im Gespräch mit der ZEIT (2008) formulierte. Die Fixierung aufs 19. Jahrhundert, die Vicco in dieser Wohnung mit ihren alten Möbeln und den verstaubten Lexika erfährt, wird er sein Lebtag nicht mehr abschütteln – schon seine erste Moderation für die TV-Sendung *Cartoon* vollführt einen Exkurs ins Jahr 1834.

Als der Vater 1933 wieder heiratet, holt er seine Söhne zu sich, und im Jahr vor dem Kriegsausbruch zieht die Familie nach Stuttgart. Vicco hat mit der Sprache der Einheimischen seine Probleme und sucht nach eigener Auskunft lieber Zuflucht im Altgriechischen, das am Gymnasium gepflegt wird.

Auf ähnlich ironische Art wird sich Loriot später im Rahmen einer in seiner Wahlheimat Bayern gehaltenen Rede dafür entschuldigen, die Landessprache nicht zu beherrschen, und geloben, »keine Fremdwörter [zu] verwenden, die uns nicht aus der bayerischen Presse vertraut sind«. In Stuttgart verdingt sich der junge Mann auch als Statist an der Oper – der Beginn einer lebenslangen Leidenschaft für Richard Wagner und virtuose Tenöre.

Auf seine Erinnerungen an die NS-Zeit kommt Loriot erst spät in seinem Leben näher zu sprechen, u. a. in den Interviews, die man im Band *Bitte sagen Sie jetzt nichts* (2011) nachlesen kann. Als prägend charakterisiert er seine Lehrer am Gymnasium, durch deren anschauliche Vermittlung der Klassiker sich der Schüler gegen die NS-Ideologie gewappnet wähnt. Die Erinnerung an die kollektive Reaktion der Deutschen auf die Pogrome wird ihn ein Leben lang nicht loslassen:

»[Die Menschen] sagten nichts, sahen es, waren nicht empört und auch nicht begeistert – sie waren einfach nicht vorhanden. Da waren wir so allein mit unserer kindlichen Empörung, weil wir nicht wussten, was wir mit dieser Empörung taten. Wir wussten nicht, in welche Gefahr wir uns brachten. Wir waren ratlos und gingen zur Schule. Das war's.«

1941 legt Vicco das Notabitur ab, bevor er die Offizierslaufbahn einschlägt. Über seine drei Jahre in Russland existieren nur wenige Zeugnisse aus erster Hand. Gänzlich ausgeschwiegen hat er sich über diese Zeit aber nicht, zumal sein Werk immer wieder Stellung bezieht gegen stumpfen Militarismus und deutschen Obrigkeitswahn. So atmen einige der Zeichnungen im *Großen Ratgeber* (1968) sowie im treffend betitelten Band *Loriots heile Welt* (1973) den Flower-Power-Geist der Proteste gegen den Vietnamkrieg. Steckten die Hippies Blumen in Gewehrläufe, so träumen Loriots Bilder den Traum vom kollektiven Versagen aller militärischen Ressourcen – die Kanonen machen schlapp und die Panzer fallen auseinander, ein Soldat zieht ein im Wachhäuschen verborgenes Klappbett nach unten, um das Exerzieren zugunsten eines Schläfchens zu beenden.

Stefan Lukschy berichtet in seinem *Loriot-Porträt* von einer haarsträubenden Begebenheit, die ihm sein Freund viele Jahre nach dem Krieg anvertraut hat: Einmal sei Vicco von Bülow als junger Soldat mit seinem Panzerspähwagen über eine schneebedeckte Landschaft gefahren und habe erst hinterher bemerkt, dass er ein Minenfeld überquerte. Das möchte man beinah als Vorahnung jenes existentiellen Humors der Nachkriegszeit deuten, der dem Grauen der Schlachtfelder ein bitteres Lachen abtrotzt. Man denke an Kurt Vonneguts traurigen Soldaten Billy Pilgrim in *Slaughterhouse-Five* (dt. *Schlachthof 5 oder Der Kinderkreuzzug*, 1969), der mit ansehen muss, wie ein Kriegsgefangener erst die Zerstörung Dresdens überlebt und dann für den banalen Diebstahl eines Teekessels erschossen wird, oder Woody Allen, der in *Love and Death* (dt. *Die letzte Nacht des Boris Gruschenko*, 1975) nach der Schlacht Leichen vergräbt und auf die Bemerkung eines Geistlichen, ohne Gottes Hilfe hätte es schlimmer ausgehen können, erwidert: »Na klar, sonst hätte es am Ende noch geregnet.«

Für die ironische Haltung angesichts sinnlosen Sterbens gibt es ein Referenzwerk, mit dem sich Loriot in späteren Jahren eingehender befassen sollte: Voltaires kleinen Roman *Candide ou l'optimisme* (dt. *Candide oder Der Optimismus*,

1759), der sich auf satirische Art und Weise der Theodizee-Frage nähert. Obwohl Candide und die schöne Kunigunde von einer traumatischen Erfahrung in die nächste schlittern, trauen sie sich lange Zeit nicht, den von Leibniz verfochtenen Gedanken anzuzweifeln, sie lebten in der besten aller möglichen Welten. Auf den Einwand hin, immerhin sei sie unterwegs vergewaltigt und verstümmelt worden, entgegnet Kunigunde unerschütterlich: »Aber man stirbt ja schließlich nicht immer gleich daran.« Der von Leonard Bernstein in den 1950er Jahren komponierten, selten gespielten *Candide*-Operette verpasst Loriot in Deutschland einen enormen Beliebtheitsschub, als er für eine von David Stahl geleitete konzertante Fassung verbindende Texte beisteuert. Diese Version wird ab 1993 mit Loriot als Erzähler mehrfach in München aufgeführt, u. a. aus Anlass seines 80. Geburtstags im Jahr 2003. Mit gewohntem Hintersinn folgert er aus der verworrenen Handlung, »dass Orkane und Vulkanausbrüche, Mord und Totschlag, Krieg und Vergewaltigung nicht etwa Katastrophen sind, sondern dienliche Beweise für die Behauptung: Alles, was geschieht, ist gut«.

Auch der Slapstick, den Loriot ebenfalls im Repertoire hat, traut sich hin und wieder an derlei Abgründe. Laurel und Hardy sägen als Bauarbeiter an den Brettern, auf denen sie selbst sitzen; Charlie Chaplin tanzt in *Modern Times* (dt. *Moderne Zeiten*, 1936) mit verbundenen Augen auf Rollschuhen unwissentlich am Rand der Katastrophe; und Wile E. Coyote rast auf der Jagd nach dem Road Runner immer wieder über die Klippe, stürzt aber zuverlässig erst dann in die Tiefe, wenn er sich seine Lage *bewusst* macht. Wer drei Jahre lang sinnloses Blutvergießen mit angesehen hat und weiterleben will, kann sich davon vielleicht nicht allzu viel bewusst machen, ohne selbst abzustürzen. Als Loriot später in *Möpse und Menschen* über den Krieg spricht, tut er das mit seinem charakteristischen Witz und endet dennoch mit dem traurigsten Satz, den ein Mensch schreiben kann: »[Ich spielte] eine Nebenrolle in einem erfolglosen Stück von 1941 bis 1945. Den Regisseur möchte ich nicht nennen. Und mein Brüderchen war gefallen.«

Nach Kriegsende stürzt er sich in die Arbeit, verdingt sich als Holzfäller – und holt Versäumtes nach. Nicht nur das *richtige* Abitur, sondern auch ein wenig zivilen Ungehorsam – Vicco ändert eigenmächtig das Thema des Abituraufsatzes ab, weil er lieber über Schiller als über Goethe schreiben will. Es folgen sechs Semester an der Landeskunstschule Hamburg, wo ihn »die linearen und malerischen Probleme eines Stilllebens« mehr interessieren als der Wiederaufbau und der Schwarzmarkt. Seinem Lehrer Willem Grimm dankt Loriot später dafür, dass er seinen Schülern »den Respekt vor der rechteckigen, weißen Fläche mitgegeben hat«. Darin klingt der Wille zur Tabula Rasa an, der auch die Trümmerliteratur der unmittelbaren Nachkriegszeit auszeichnet. Dass er keinen Bammel vor der weißen Seite hat, belegt die ungeheure Produktivität, die der junge Zeichner an den Tag legt. 1949 schlägt ihm eine Sekretärin vom *Stern* vor, er könne doch mal eine Witzzeichnung einreichen – der Absolvent der Kunstakademie ist zunächst entrüstet, versucht es dann aber und beliefert bald die namhaftesten Illustrierten der BRD. Von seinem ersten Honorar gönnt sich Loriot einen Schlips – vielleicht müssen wir uns angesichts dieser etwas kleinbürgerlich anmutenden Form der Extravaganz sogar Vater Hoppenstedt, der am Heiligabend mit zusehends angesäuertem Gesichtsausdruck eine Krawatte nach der anderen auspackt, als glücklichen Menschen vorstellen.

Auf Vicco von Bülows Heirat mit Rose-Marie »Romi«

> »Man bedenke, daß Loriot einer Generation angehört, die sich von der Schulbank weg [...] von einem Regime, das die Inkarnation des Schlechten, des Häßlichen und der Lüge war, mehr oder weniger freiwillig und frohgemut in einen Krieg hat schicken lassen, der ihr vier Jahre lang die Brutalität, Monstrosität und Absurdität menschlicher Existenz vor Augen führte! Wer solches erlebt und wohl nur aufgrund der Willkür des Zufalls überlebt hat, der kann in gewissem Sinne die Welt nicht mehr ernst nehmen.« (Patrick Süskind)

Schlumbom 1951 folgt die Geburt der beiden Töchter Bettina und Susanne, und der prominenter werdende Künstler lässt sich 1957 mit seiner Familie im bayerischen Ammerland nieder, am Starnberger See.

Einen tradierten Missstand, den Loriot in seiner *Rede an die Jugend* (1999) benennt, hat er als Familienvater nicht beheben können: das Verhängnis, »daß Eltern früher auf die Welt kommen als ihr Kind« und dadurch »vorzeitig ein ungutes, durch nichts begründetes Überlegenheitsgefühl« entwickeln. Dass sein eigenes Familienleben autobiographische Spuren in vielen Loriot-Sketchen hinterlässt und neben den »Szenen einer Ehe« auch zahlreiche fiktionale Eltern-Kind-Beziehungen inspiriert, ist letztlich banal, denn ohne Erfahrung nun mal kein Werk. In dem zum 60. Geburtstag aufgezeichneten TV-Special (1983) legt Loriot der von Evelyn Hamann gespielten Interviewerin die Frage in den Mund, ob die Häufung von Essszenen in seinem Werk Zufall sei, worauf der Jubilar mit wunderbar aufgesetzter intellektueller Arroganz antwortet, er esse persönlich täglich.

Zu viel biographische Spurenleserei verbietet sich bei Loriot, weiß er doch sein Image stets auf die Schippe zu nehmen und zugleich Distanz zwischen sich und die Rolle zu legen. Wenn er Illustrierten und Fernsehsendern die eine oder andere Homestory gewährt, dann vor allem, um jene Persona zu vollenden, die uns aus den Moderationen vertraut ist: die des etwas entrückt wirkenden, freundlich lächelnden und überkorrekten Gentlemans. Im Stillen macht er sich bei solchen Gelegenheiten über die Einfallslosigkeit der ihn besuchenden Journalisten lustig, für die er immer wieder dieselben Bilder liefern soll – entweder am Zeichentisch oder indem er mit den Möpsen der Familie posiert. Entlang seiner Hunde schlüsselt Loriot in *Möpse und Menschen* die eigene Familiengeschichte auf (»Henry war der erste Mops, der uns besaß«), und auch in seinem zeichnerischen Schaffen kommt dem Hund eine tragende Rolle zu.

Nasenmann

Dank seiner Produktivität, seinem famosen Witz und seiner großen handwerklichen Fertigkeiten wird Loriot im Lauf der 1950er Jahre im deutschsprachigen Raum immer bekannter. Dass zumindest ein kleiner Skandal auch nicht schadet, belegt die Aufregung um seine im *Stern* erschienene Reihe »Auf den Hund gekommen«. War die im selben Heft publizierte Themenseite »Menschen sind an der Leine zu führen« noch unbeanstandet geblieben, prasseln jetzt empörte Leserzuschriften auf die Redaktion ein. Nicht nur Kirchenmänner empfinden die Zeichnungen, die das Verhältnis zwischen Mensch und Vierbeiner auf den Kopf stellen und u. a. einen genervten Hund zeigen, der seinen angeleinten Menschen zum Pinkeln an einen Baum führt, als geschmacklose Herabsetzung des Homo sapiens: »Mir wird speiübel dabei«, lässt ein Leser die Redaktion wissen.

Kritische Lesermeinungen sind ein fester Bestandteil der publizistischen Feedbackkultur – damals wie heute. Zu jener Zeit soll sogar der ansonsten recht liberale Vater Vicco von Bülows dem *Stern* wegen vermeintlicher Blasphemie damit gedroht haben, sein Sohn werde nicht mehr »für dieses schändliche Blatt arbeiten«, freilich ohne dies mit ihm abgesprochen zu haben, wie sich Loriot im ZEIT-Interview erinnert. Im Fall der Hunde-Cartoons fallen die Zuschriften allerdings heftig genug aus, um *Stern*-Herausgeber Henri Nannen die Reihe absetzen zu lassen. Welpenschutz gibt es keinen für den noch nicht einmal 30-jährigen Zeichner, wiewohl Nannen seine Äußerung, er wolle »den Kerl nie wieder im *Stern* sehen«, später zurücknimmt – die *Stern*-Redaktion hat es Loriot mehr als ein halbes Jahrhundert später selbst gebeichtet. Loriot selbst hat das Ganze rückblickend heruntergespielt (aus heutiger Sicht wohl eher ein Shitstürmchen im Wasserglas bzw. im Hundenapf), doch gehört nicht viel Phantasie dazu, um den Zwischenfall als symptomatische Episode für die Ära Adenauer zu lesen. Zwölf Jahre Tausendjähriges Reich waren schwer aus den Köpfen zu vertreiben, und vermutlich haben Loriots Zeichnungen dem einen oder anderen dabei geholfen, die vielzitierte ›dreifache Kränkung‹ des Menschengeschlechts nachzuarbeiten: Die Sonne dreht sich nicht um dich; du bist nicht die Krone der Schöpfung; und das mit dem freien Willen kannste auch vergessen!

Aber stellt Loriot hier wirklich ›nur‹ den göttlichen Schöpfungsplan in Frage? Oder ahnten die Leser des *Stern* womöglich unbewusst, wo hier *wirklich* der Hund begraben lag? Frag-

los nehmen Loriots Zeichnungen die grausige Biedermeier-
lichkeit der angeblichen Herrenrasse aufs Korn, die sich zur
Unterfütterung ihres Weltherrschaftsanspruchs einen fragwürdigen Stammbaum zusammenphantasiert hatte. Diesen
Leuten wollte nicht einleuchten, weshalb der Begriff ›reinras-
sig‹ jenseits der Hundezucht plötzlich als verpönt galt. Wolfgang Hildesheimer zitiert in seinem Loriot-Kommentar denn
auch den »altrömischen Hund [...], der da ruft: ›Cave hominem
sapientem!‹ Denn man weiß eben doch niemals, wann er
beißt«.

Anders als in der Weltgeschichte bleiben die Schweizer in-
mitten des großen Gebells nicht neutral, denn *Auf den Hund
gekommen* erscheint als Buch beim Züricher Diogenes-Verlag.
Dessen Gründer Daniel Keel bemüht sich intensiver um Loriot
als seine deutschen Kollegen und beweist damit den richtigen
Riecher – künstlerisch wie auch geschäftlich, denn noch heute
vertreibt Diogenes exklusiv das Werk von Loriot.

Die Erfahrung mit den *Stern*-lesenden Hundehassern zieht
dann noch ein weniger bekanntes Kapitel in Loriots Schaffen
nach sich, nämlich die Kolumne »Der ganz offene Brief«, die er
im Wechsel mit Manfred Schmidt von 1957 bis 1961 für die
Wochenzeitschrift *Quick* verfasst. Hier karikiert Loriot mit
vorsätzlich einfältigen Texten die Beschränktheit des Publi-
kums und nimmt zugleich Beschwerden gegen sich selbst vorweg. Er schreibt sich damit in eine Tradition ein, die seine als
noch provokanter und derber geltenden britischen Kollegen in
den 1960er Jahren zur Vollendung bringen werden. Der Dra-
matiker Joe Orton bedient sich bis zu seiner Ermordung 1967
des Pseudonyms Edna Welthorpe, um im Tonfall einer bor-
nierten Schreckschraube Beschwerdebriefe über seine eigenen
Stücke zu verfassen, und in *Monty Python's Flying Circus*

(1969–74) gehört der gefälschte Beschwerdebrief dann zu den Running Gags: »Ich möchte mich hiermit in aller Form über das Lied über den Holzfäller beschweren, der Frauenkleidung trägt – einige meiner besten Freunde sind Holzfäller, und nur ganz wenige davon sind Transvestiten.«

Kein Wunder, dass z. B. die Redaktion des Satiremagazins TITANIC Beschwerdepost noch heute unter der Überschrift »TITANIC-Leser stellen sich vor« präsentiert, denn die Absender teilen in der Regel unfreiwillig viel von sich mit. Im Dezember 1957 berichtet die Presse, dass ein US-Geschwader mit Atombomben im europäischen Luftraum aufgekreuzt ist; Loriot widmet diesem Vorfall einen Brief, der das pädagogisch wertvolle, bei Hoppenstedts auf dem Gabentisch liegende Spiel »Wir bauen uns ein Atomkraftwerk« vorwegnimmt. In dem Brief erkundigt er sich, wo er für sein »Töchterchen eine ganz, ganz winzige Atombombe« erwerben könne, was einen pikierten *Quick*-Leser zu der Antwort provoziert, nur dank der US-Atombomben sei man in der BRD gegen »die Roten Bestien« geschützt, und Loriot solle sich lieber mal »Sibiriens [sic!] Taiga u. KZ« aus der Nähe besehen. Eine andere Beschwerde nimmt Anstoß an vermeintlichen Versuchen, »unsere Wehrmacht (!) derart lächerlich zu machen«, und nachdem Loriot im August 1961 gegen die deutschen Weinbauern gestichelt hat, veranlassen ihn die erbosten Reaktionen sogar dazu, die Kolumne ganz einzustellen. Obendrein verdonnert ihn die *Quick* zu einem Wiedergutmachungsbesuch auf einem Weingut, um die Ehrenschuld an der deutschen Rebe zu begleichen. Loriot revanchiert sich Jahre später in Gestalt des Weinvertreters Herrn Blühmel, der mit sicherer Hand Bordeaux und Burgunder im selben Glas mischt. (Hinweis für Weinfreunde: Drei der fiktiven Weinsorten, die Herr Blühmel vertreibt, sind dank einer Offensive des Bremer Roten Kreuzes mittlerweile käuflich zu erwerben – auch die Oberföhringer Vogelspinne, die möglicherweise mit dem in Otto Waalkes' zweitem Kinofilm angebotenen Rüpelsheimer Nierentritt verwandt ist.)

Aus den Bildern, die der *Quick*-Kolumne beigefügt sind, geht hervor, dass Loriot als Zeichner Ende der 1950er Jahre endgültig seinen Stil gefunden hat. Waren die Personen in den Hunde-Cartoons und anderen Frühwerken noch spitznasiger und unscheinbarer, dominiert jetzt das bekannte Knollennasenmännchen. Vom vielen Zeichnen, so erzählt es Loriot später einem Interviewer von Radio DDR II, sei die Nase »abgeschliffen [worden] wie ein Stein in einem Bachbett«. Das Männchen scheint in seinem Stresemann und mit seinem Bowler-Hut derart aus der Zeit gefallen, dass es den idealen Botschafter jener antiquiert anmutenden Verhaltensregeln abgibt, die bald zu Loriots Markenzeichen werden. Der Witz entspringt dem Gegensatz zwischen einer grotesken Begebenheit in der Zeichnung und einer betont bräsigen, leicht didaktischen Sentenz in der Bildunterschrift. Die Buchveröffentlichung von *Der gute Ton* (1957) begründet Loriots paradoxen Ruhm als moderner Knigge, dessen Werk zugleich Zeugnis davon ablegt, wie überholt schnöselige Verhaltensratgeber eigentlich sind. Loriot wird endgültig prominent – und bekommt Fernsehangebote.

Der Herr auf dem Sofa

Loriots erster Fernsehauftritt wurde leider nicht für die Nachwelt archiviert, aber es gibt Augenzeugenberichte. Robert

Gernhardt jobbt Ende der 1950er Jahre als Kabelträger beim Süddeutschen Rundfunk, wo gerade »eine absonderliche Sendung« namens *Wie gut, daß niemand weiß* produziert wird. Gäste müssen dort die von Loriot als Bilderrätsel aufs Papier geworfenen Namen erraten. Ein Dauerbrenner vom Kaliber von *Was bin ich?* wird nicht daraus. Dagegen schlägt im Februar 1967 die Sendung *Cartoon* ein, für die der Süddeutsche Rundfunk Loriot zunächst als Moderator besetzt und schließlich mit immer mehr Freiheiten in der Gestaltung ausstattet. Im Rahmen von *Cartoon*, einer Art internationaler Humorrundschau, werden Trickfilme aus dem In- und Ausland präsentiert und Künstler wie Chas Addams und Tomi Ungerer vorgestellt. Loriot moderiert die Clips auf seinem roten Sofa an und bringt bald auch eigene, selbst synchronisierte Animationen in der Sendung unter. Das längst zum Klassiker avancierte *Adventsgedicht* stammt ebenso aus dieser Zeit wie sein kleiner Playback-Trickfilm zu Wilhelm Bendows Sketch »Auf der Rennbahn« und das Dramolett um den Kunstpfeifer Herrn Meckelreiter.

Schnell wird *Cartoon* zur Experimentierfläche für Loriot. Der schräge Humor der Sendung ist noch wesentlich anarchischer als die späteren, in der gutbürgerlichen Stube und in der Gastwirtschaft angesiedelten Spießersatiren rund um Skat-Abende und Klavierschenkungen aus Übersee. Teils beäugen die Senderverantwortlichen das Treiben von Loriot etwas misstrauisch, aber Abteilungschef Dieter Ertel bringt ihn mit einem weiteren ›schrägen Vogel‹ zusammen, dem in Wales geborenen Regisseur Tim Moores, der später u. a. für die Kinderwissenssendung *Löwenzahn* arbeiten wird. Er versteht sich gut mit Loriot und hilft diesem, seinen eigenen Stil zu entwickeln. Schickt Loriot in *Cartoon* zunächst seine Möpse Henry und Gilbert als Astronauten und Nordpolbezwinger vor die Kamera, tritt er auf Moores' Anregung in herrlich überdrehten Vignetten bald auch selbst auf, u. a. als herumschwurbelnder »Jungfilmer« Eduard Geigendorfer und in Parodien zeitgenössischer TV-Formate wie *Wünsch Dir was* oder *Der internationale Frühschoppen.*

Mittlerweile sind all diese Arbeiten auch auf DVD verfügbar, so dass sich jeder selbst ein Bild davon machen kann, wie deftig und schwarzhumorig es hier noch zur Sache geht. Loriot fordert das Publikum dazu auf, seine Fernsehgeräte zu zertrümmern, um eines von 50 Ostereiern zu finden, die der Hersteller im Gerät versteckt haben soll; bei einer Gameshow-Parodie werden die Kandidaten im Schwimmbecken ersäuft; und in seiner Version von *Aktenzeichen XY ungelöst* informiert Loriot über ein fast 60 Jahre zurückliegendes Verbrechen – um den damals 34 Jahre alten Täter zu stellen, werden in Wien vorsorglich sämtliche 93-jährigen Männer festgenommen. *Cartoon* bietet auch Platz für zahlreiche Abschweifungen und Irritationsmomente. Während Loriots pflichtbewusster Lesung der Gebührenordnung wandert eine schottische Dudelsackkapelle durchs Bild, und als Running Gag darf ein gewisser Herr Störk im Studio Bilder aufhängen und Geschirr zerdeppern. Da Loriot in dieser Zeit sogar im Abspann Gags versteckt und kleinere Tabubrüche zelebriert – *Cartoon* zeigt 1969 als erste deutsche Fernsehsendung nackte weibliche Körper –, fühlt man sich von diesen Frühwerken sehr oft an *Monty Python's Flying Circus* erinnert. Mit Recht weist Loriot darauf hin, den Briten mit einigen seiner Einfälle um ein paar Jahre zuvorgekommen zu sein (»Ich war zuerst!«), zum Teil scheint er ihnen aber auch eine Hommage zu erweisen. Bereits 1969, in der ersten Staffel des *Flying Circus*, beschwert sich John

Cleese lautstark in der Zoohandlung darüber, dass man ihm einen toten Papageien angedreht hat (»This is an ex-parrot!«); bei Loriot wechselt ein paar Jahre später eine tote Maus den Besitzer. Längst nicht alle dieser ausgelassenen Nummern sind heute im kollektiven Gedächtnis so präsent wie die späteren Sketche, aber so manches Highlight aus *Cartoon* schafft es in den 1990er Jahren auch in die neuen Schnittfassungen seiner TV-Sendungen, u. a. die nur aus Phrasen und Ellipsen bestehende »Bundestagsrede«.

Cartoon wird 1972 eingestellt, mit *Loriots Telecabinet* entsteht 1974 noch mal ein Special. Bald meldet sich Radio Bremen, um Loriot für ein neues Format zu gewinnen. Er produziert für den Sender eine sechsteilige Reihe, deren schnörkellose, pragmatische Betitelung (*Loriot I, Loriot II, …*) »je nach Lesart zwischen bescheidener Zurückhaltung und dem Anspruch auf Kanonik oszilliert« (Eckhard Pabst). Ab jetzt ist auch das grüne Sofa im Spiel, mit dem Loriot fortan fest verwachsen ist. Dort thront er so, wie man sich früher den allwissenden Erzähler vorgestellt hat, und trägt das schwer zu lesende Lächeln der Mona Lisa im unverwechselbaren Gesicht. Na gut, *beinah* unverwechselbar – am Münchner Hauptbahnhof wird Loriot einmal von jemandem um ein Autogramm gebeten, der ihn für den Fußballtrainer Udo Lattek hält.

Knüpfen die ersten Ausgaben von *Loriot* noch an die launige *anything goes*-Attitüde von *Cartoon* an, wirken die späteren genauer durchkomponiert. Das große Finale, *Loriot VI* (vulgo ›die Weihnachtsfolge‹), darf mit Fug und Recht als das *Sgt. Pepper*-Album innerhalb von Loriots Fernsehschaffen gelten – dramaturgisch ausgefeilt und ganz auf die Familie Hoppenstedt zugeschnitten. Aus berühmten Nummern bestehen freilich sämtliche dieser Folgen. Schon das *Telecabinet* wartet mit dem Beethoven-Trio und Herrn Blühmels Erlebnissen in der Benimmschule auf, und allein das Programm von *Loriot III* wäre genug, um seinem Schöpfer einen Platz in der deutschen Fernsehgeschichte zu sichern: dicht aufeinander folgen hier »Die Nudel«, »Liebe im Büro«, »Das Filmmonster«, die Trickfilm-Trilogie »Szenen einer Ehe« und der große Sahnetortenwurf. Zu Letzterem existiert ein sehenswertes Making-of, in dem man Loriot als Regisseur erleben kann, der die Verteilung von Buttercrème und Eischnee im eigenen Gesicht penibel überwacht: »Es ist komischer, glaubt mir, wenn's von der einen Seite rüberlappt.«

Die sechs *Loriot*-Sendungen bestreitet Loriot mit einem eingespielten Team vor und hinter der Kamera: Produzent Jürgen Breest und Regieassistent Stefan Lukschy zählen ebenso dazu wie das u. a. aus Evelyn Hamann, Ingeborg Heydorn, Heinz Meier und Heiner Schmidt bestehende Ensemble. Zu den markantesten Gesichtern zählt auch Bruno W. Pannek – ein älterer Herr ohne Schauspielerfahrung, den Loriot im Urlaub auf Capri kennenlernt und vom Fleck weg engagiert. Herrn Panneks Auftritte sind Brüche von geradezu Helge Schneider'scher Größe; er spielt u. a. den greisen studentischen Weihnachtsmann, der in *Loriot VI* mehrfach seine Dienste feilbietet.

Nachdem 1978 die sechste Folge für Radio Bremen abgedreht ist, lehnt Loriot eine weitere Fortsetzung ab, fürchtet er doch, nur noch bei sich selbst abzuschreiben und den eigenen Ansprüchen nicht zu genügen. Ein paar Ehrenrunden dreht er in den kommenden Jahren noch auf dem Bildschirm. 1980 wird eine Sketchreihe zur deutschen Politlandschaft produziert, und bis 2003 entstehen mehrere Sondersendungen anlässlich seiner runden Geburtstage, für die Loriot jeweils neu-

Loriot und Evelyn Hamann auf dem berühmten grünen Sofa.

es Material schreibt und inszeniert, darunter Evergreens wie die desaströse Festgala (»Er lebe hoch, hoch, hoch!«) und die Tatortsicherung (»Kriminalkommissar Brinkmann.« – »Polizeihauptwachtmeisterin Butzbach.«).

Dieser Kurzabriss von Loriots komischem Schaffen fällt notgedrungen kursorisch aus, denn er muss so manches Feld der Unterhaltung auslassen, das Loriot scheinbar mühelos auch noch erobert hat. Natürlich hat Loriot den Zeichentrickhund Wum erfunden, der als Sidekick von Showmaster Wim Thoelke zunächst bei *Drei mal Neun* (1970–74) und später, im Verbund mit dem Elefanten Wendelin, beim *Großen Preis* (1974–92) auftritt, und als Wum auch den Nummer-Eins-Hit »Ich wünsch mir 'ne kleine Miezekatze« (1972) eingesungen.

Bis in die 1990er Jahre hinein bestreitet Loriot Leseabende und Konzertprogramme, tritt bei *Stars in der Manege* auf – ach so, und das Kino hat er natürlich ebenfalls erobert.

Späte Kinokarriere

Tuchfühlung mit dem Kino nimmt Vicco von Bülow bereits als junger Mensch auf. Mit 16 tritt er als Statist in dem vor Pathos klebrigen Schiller-Film *Triumph eines Genies* (1940) auf; nach dem Krieg folgen kleine Sprechrollen, u. a. in Bernhard Wickis Antikriegsfilm *Die Brücke* (1959) und in der internationalen Koproduktion *The Longest Day* (dt. *Der längste Tag*, 1962). Hier versucht Loriot als Offizier erfolglos eine Telefonverbindung für den Herrn Generalmajor herzustellen und schlägt sich in der englischen Version des mehrsprachig gedrehten Films mit dem -th herum. Diese Auftritte sind keine frühen Gehversuche eines schwärmerischen Cineasten, sondern entspringen einfach der Neugier Loriots.

Seine eigenen Kinofilme verdanken sich denn auch weniger einem lang gehegten Lebenstraum als vielmehr der Beharrlichkeit eines Produzenten. Horst Wendlandt, der in den 1960er Jahren mit den Edgar-Wallace- und Karl-May-Verfilmungen Publikumserfolge gefeiert und seitdem u. a. Otto Waalkes zu einer erstaunlichen Kinokarriere verholfen hat, läuft Loriot lange hinterher, um ihn zu einer Zusammenarbeit zu überreden, wird aber immer wieder abgewimmelt. In seiner Paraderolle als Mister Was-kostet-die-Welt mit dickem Scheckbuch in der Hand kann Wendlandt bei Loriot nicht punkten, mit Zurückhaltung schon eher. Als er endlich das gewünschte Drehbuch in Händen hält, ist der Produzent begeistert und verspricht seinem Star, wie Dona Kujacinski in ihrer Horst-Wendlandt-Biographie (2006) berichtet: »Den Film machen wir genau so. Es wird nichts geändert.« Er wird Wort halten.

Zwar kann Loriot bei seinen Ausflügen ins kommerzielle Kino nie ganz die Angst abschütteln, »daß irgendjemand an mir 'ne Mark verliert«, wie er Hellmuth Karasek in einem Gespräch (1988) anvertraut, aber er weiß mit der künstlerischen Freiheit umzugehen. Freilich gefällt sein penibles Vorgehen nicht jedem Mitglied der erfahrenen Filmcrew. Als Regisseur besteht Loriot auf Dutzende Takes, sortiert immer wieder Requisiten um, auch wenn diese kaum eine Sekunde im Bild sind, und treibt den Oscar-gekrönten Ausstatter Rolf Zehetbauer an den Rand des Wahnsinns. Ambition und Methode des Filmemachers Loriot erinnern also eher an den Perfektionisten Stanley Kubrick, aber das ist nicht das schlechteste Vorbild für einen ›Jungfilmer‹ von Mitte 60. Im Making-of zu *Pappa ante Portas* ist zu sehen, wie Loriot eine gelungene Aufnahme mit dem Satz quittiert: »Danke, das war's.« Exakt dieselben Worte wählt der Regisseur im »Lottogewinner«-Sketch nach dem letzten, völlig verunglückten Take.

Zwar verlassen Loriots Filme kaum das vertraute Milieu der Fernsehsketche, aber dafür klaut er kaum bei sich selbst. Kann man in den Filmdebüts anderer deutscher Komiker die bereits vertrauten Nummern teils lippensynchron mitsprechen, betritt Loriot mit seinen Spielfilmen Neuland – na gut, Heinrich Lohse, der rabattversessene Patriarch in *Pappa ante Portas* (»Mein Name ist Lohse, ich kaufe hier ein!«), dürfte ein entfernter Verwandter jener Familie sein, die auf einer Loriot-Zeichnung aus den 1960er Jahren den Ladenpreis weihnachtlicher Bast-Untersetzer durch Abnahme von 2500 Stück von DM 18,50 auf DM 0,95 drückt.

Bei oberflächlicher Betrachtung könnte man den Filmemacher Loriot in eine Reihe mit anderen Fernsehstars stellen, die sich Filmabenteuer auf den Leib bzw. auf die etablierte Persona schneidern lassen und diese bequemerweise gleich nach sich selbst benennen (*Otto – Der Film*, 1985) oder die den ›Lachbefehl‹ schon mit klamaukigen Titeln à la *Zwei Nasen tanken Super* (1984) durchs Megaphon zu schreien scheinen. Loriot geht da zurückhaltender vor – kaum zu fassen, dass es mal eine Ära in der bundesdeutschen Kinogeschichte gegeben haben soll, in der sich das Publikum nicht von Titeln verschrecken ließ, die auf die griechische Mythologie (*Ödipussi*) bzw. auf den Zitatenschatz der Lateiner (*Pappa ante Portas*) anspielten. Um das gebührend zu würdigen, sollte man den Blick auf andere deutsche Verleihtitel-Zumutungen nicht scheuen und sich vergegenwärtigen, dass etwa die Komödien mit Louis de Funès in der BRD unter Titeln wie *Bei Oscar ist 'ne Schraube locker* (frz. *Un drôle de caïd*, 1964) oder *Onkel Paul, die große Pflaume* (frz. *Hibernatus*, 1969) veröffentlicht wurden. Möglicherweise dürfen wir uns also glücklich schätzen, dass wir Loriots Filme nicht als *Vicco, das Weichei* oder *Pussi-Paule, das abgewichste Muttersöhnchen* kennenlernen mussten.

So viel Zwangsfröhlichkeit würde beiden Filmen auch nicht gerecht, zumal sich Loriot ja streng genommen einen Genrewechsel auferlegt und das in Deutschland lange vernachlässigte Grusel-Genre bedient. *Ödipussi* zeichnet die Psychopathologie einer schweren Mutterfixierung nach, wohingegen sich *Pappa ante Portas* der Formel des Slasher-Genres bedient: Ein unberechenbarer Irrer bricht aus den sicheren

Mauern einer Institution aus, die ihn jahrelang verwahrt hat, und klopft an die Tür seines einstigen Zuhauses, um die Hausherrin zum Zweikampf zu fordern und ihren Freundeskreis zu dezimieren. (Mit dem auf die römische Warnung vor dem herannahenden Karthager Hannibal anspielenden Titel habe er an den »populärste[n] Angstruf einer größeren Familie« in der Geschichte erinnern wollen, so Loriot in einer Pressekonferenz anlässlich der Dreharbeiten.) *Pappa ante Portas* bleibt handwerklich dicht an den Genrevorbildern dran. So wählt Loriot für Herrn Lohses überraschendes Eindringen in den heimischen Wohnraum die subjektive Stalker-Kamera, mit der John Carpenter in *Halloween* (1978) Filmgeschichte geschrieben hat. Die unheimlichen Mielke-Schwestern sind aus demselben Schreckenskabinett entsprungen wie die von Bette Davis oder Shelley Winters gespielten alten Schachteln, die in den 1960er Jahren das Publikum heimsuchten, und Renate Lohses Vorschlag, ihr Mann könne seine Existenz ja in den fensterlosen Keller verlagern, entstammt wahrscheinlich der Haushaltsfibel *Schöner wohnen mit Norman Bates*. Mit etwas mehr Freude am Splatter hätte Loriot seinen zweiten Film vielleicht so ähnlich zu Ende gebracht wie sein bekanntes *Adventsgedicht*; schließlich bringt die Försterin ja ihren Mann um die Ecke, weil er ihr (genau wie Herr Lohse seiner Frau) »bei des Heimes Pflege / seit langer Zeit schon sehr im Wege« steht.

Diese späte Lust am Horror hat bei Loriot also eine Vorgeschichte. Zumindest trägt schon sein bekannter Sketch vom »Filmmonster«, wie Felix Christian Reuter feststellt, autobiographische Züge: ›Vic Dorn‹ teilt mit Vicco von Bülow den Vornamen, ist wie dieser ohne Mutter aufgewachsen und gilt als »zu deutsch«. Als Vic(co) durchblicken lässt, dass er gar keine Maske trägt, sind wir zwar als Zuschauer nicht ganz so frappiert wie die Interviewerin, aber natürlich gehen wir dem gutmütig wirkenden Herrn auf den Leim, der uns im deutschen Gruselkabinett ausgesetzt hat. Auch in *Ödipussi* lauern mit Frau Tietzes Laientanzgruppe und der zu den Klängen des Brahms-Liedes »Juchhe!« scheiternden Familienzusammenführung Szenen, die den Boom des Fremdschamhumors vorweg- und das Publikum in die Mangel nehmen. Hinzu kommen beklemmende mütterliche Ratschläge:

»Sei ein lieber Junge und iss noch ein bisschen. Du willst mich doch nicht traurig machen. Und halte dich gerade. Du kannst auch heute Abend hier essen. Es ist genug da. Schmeckt dir die Putenbrust? Wenn du hier schlafen möchtest – dein Kinderzimmer ist immer für dich bereit.«

»Kannst du mir sagen, wie das jetzt weitergehen soll? [...] Da muss die Dame wohl schon mit [nach Italien]? Vielleicht machen sich die Herrschaften auch noch ein paar schöne Tage, wie? Dann kann sie auch deine Hemden bügeln!«

»Ich weiß doch genau, was du da liest, Junge. Müll! Schlimmer als Müll! Von wegen ›Psychologie‹ – dass ein Junge seiner Mutter gegenüber solche Ausdrücke gebrauchen kann!«

Eigentlich kaum zu glauben, dass ich nur *eines* dieser Zitate dem später von Alfred Hitchcock verfilmten Robert-Bloch-Roman *Psycho* (1959) entnommen habe, und nicht alle drei.

Apropos Hitchcock: Spannungsbögen haben Loriots Filme glücklicherweise auch, wofür nicht zuletzt die Reiseepisoden sorgen. Der Italien-Abstecher, auf dem sich Herr Winkelmann und Frau Tietze in *Ödipussi* näherkommen, gehört zu einer Kulturtradition, die in Deutschland auf einen anderen Win(c)kelmann zurückgeht und in die sich dann die beiden großen Wolfgangs eingeschrieben haben, also Goethe (*Italienische Reise*, 1817) und Stumph (*Go Trabi Go*, 1991). Anglophile Zuschauer dürften auch an E. M. Forster denken. In dessen Romanen, vor allem in *Where Angels Fear to Tread* (dt. *Engel und Narren*, 1905) und *A Room with a View* (dt. *Zimmer mit Aussicht*, 1908), werden schwindsüchtige Engländerinnen, die normalerweise so viel Lebensfreude ausstrahlen wie die Konversationskomparsinnen in Herrn Blühmels Benimmkurs, unter der italienischen Sonne plötzlich heißblütig. Meist kommen sie dann auf Ideen wie Herr Winkelmann und wollen nicht mehr nach Mutters Pfeife tanzen. Auf Reisen geht auch Familie Lohse, und zwar um auf Usedom Familiengeburtstag zu feiern. Nicht nur deswegen ist *Pappa ante Portas* ein schöner Beitrag zur Wiedervereinigung. Hatte Loriot die Weltpremiere von *Ödipussi* im März 1988 in *Ost*berlin gefeiert, entsteht der Nachfolger sogar in den DEFA-Studios in Babelsberg.

Zwar bemängelt die Kritik, Loriot traue sich als Filmregisseur generell zu wenig aus seiner Komfortzone, aber beide Filme schaffen es in die Top 10 des Jahres und werden mit der Goldenen Leinwand geehrt. *Ödipussi* wird an der Kinokasse 1988 lediglich von *Fatal Attraction* (dt. *Eine verhängnisvolle Affäre*, 1987) übertrumpft, quasi dem auf Spielfilmlänge gestreckten Loriot-Satz »Morgen bringe ich sie um!«. Ein drittes Filmprojekt über einen Benimmlehrer kommt nicht über ein kurzes Exposé hinaus – Loriot zieht sich wieder einmal beizeiten stilvoll zurück, wenngleich ihm ein richtiger Ruhestand nie gelingen wird. Schon in einem Filmporträt aus dem Jahr

1968 prophezeit sich Loriot selbst, niemals auf das Zeichnen verzichten zu wollen, und wie recht er damit haben sollte, kann man u. a. im posthum erschienenen Band *Spätlese* (2013) nachvollziehen.

»Ja, ja, die Musik ...«

Dass Loriot nach seinem weitgehenden Rückzug vom Film- und Fernsehgeschäft nicht aus der Öffentlichkeit verschwindet, hat verschiedene Ursachen. Seine Sketche werden weiterhin ausgestrahlt und genauso wie das zeichnerische Hauptwerk auch in Buchform immer wieder aufgelegt. Zudem werden Vicco von Bülow seit den 1980er Jahren nicht nur zahlreiche Ehrenbürgerschaften, -mitgliedschaften und -doktorwürden zugesprochen, für die er sich in feinsinnigen Reden bedankt, für seine Verdienste um die Vermittlung klassischer Musik erhält er 1991 auch das Goldene Grammophon. Bereits in den 1970er Jahren hat sich der lebenslange Opernliebhaber, der nie ein Instrument gelernt hat, auf Anregung des Dirigenten Karl Böhm einen neuen Text zu Sergej Prokofjews Musikmärchen *Peter und der Wolf* (1936) ausgedacht – es bleibt nicht das letzte Unterfangen dieser Art. Unter anderem dampft Loriot seinen geliebten *Ring des Nibelungen* auf Einladung des Nationaltheaters Mannheim auf eine schlanke, abendfüllende Erzählfassung ein. Musikhistorischen Sachverstand beweist er auch als Moderator der jährlichen Operngala für die Deutsche AIDS-Stiftung. Nachlesen kann man seine liebevollen Annäherungen an die Klassiker des Musiktheaters u. a. in *Loriots kleinem Opernführer* (2007). Hier legt Loriot etwa am Beispiel von Mozarts *Entführung aus dem Serail* (1782) schlüssig dar, weshalb »Nahostkonflikte auch heute durch das Absingen von Arien« ausgetragen werden sollten.

Wie vielfältig seine Auseinandersetzungen mit Oper, Orchester und Konzertsaal sind, belegt die 2010 erschienene DVD-Edition *Loriot und die Musik*. Sie enthält auch seine famosen Gastspiele bei den Berliner Philharmonikern, beispielsweise den Klaviertransporteur, der auf der Jagd nach einer Fliege versehentlich Beethoven dirigiert, und natürlich die zeitlose kleine Szene, die noch jeden Konzertbesucher erschüttert hat: ein Stück aus Edvard Griegs *Peer-Gynt-Suite* (1888), in dem sämtliche Störgeräusche aus dem Publikum wie Husten, Niesen und Rascheln der Einfachheit halber gleich vom Dirigenten mit angeleitet werden. Wen soll es da noch überraschen, dass Loriot auch als Opernregisseur überzeugt hat, natürlich mit Stoffen aus seinem geliebten 19. Jahrhundert. In Stuttgart, wo er als junger Komparse erstmals Bühnenluft geschnuppert hatte, inszeniert Loriot 1986 Friedrich von Flotows *Martha* (1847), zwei Jahre später in Ludwigsburg Carl Maria von Webers *Der Freischütz* (1821). Er entwirft für beide Produktionen auch das Bühnenbild und die Kostüme, setzt vor allem die *Martha* mit viel Humor um, ohne den Stoff ins Lächerliche zu ziehen. Dafür liebt er die Oper viel zu sehr, nimmt die gesamte Gattung in einem Interview anlässlich seiner *Martha*-Inszenierung gar vehement in Schutz. Ohne kostspielige Opernaufführungen degradiere sich die Menschheit letztlich »zu Lebewesen, die nur essen und verdauen, leben und sterben«. An der Schwere des von ihm verehrten Richard Wagner wollte sich Loriot als Regisseur zwar nicht verheben, aber er hat ein Wagner-Double unter die Komparserie seiner *Martha* geschmuggelt und die Rolle anlässlich der 50. Aufführung sogar selbst übernommen.

Deutsche & Preußen

Loriots Aufstieg in die erste Reihe der Karikaturisten vollzieht sich in den 1950er Jahren parallel zur politischen und wirtschaftlichen Restauration der Bundesrepublik. Die neuen Verhältnisse spiegeln sich in Loriots Zeichnungen, denn Hungersnöte kennen seine Knollennasenmännchen nicht. Während in den gutbürgerlichen Stuben wieder repräsentiert und hofiert wird, persiflieren Loriots Ratgeber kleine und große Ausrutscher auf gesellschaftlichem Parkett genauso wie die ausgefallenen Rezepte, mit denen man imponieren will – als Hauptgang Nilpferd in Burgunder, zum Nachtisch Elefanten-Crème.

Zu dieser Zeit singt Wolfgang Neuss in einem berühmten Chanson: »Jetzt kommt das Wirtschaftswunder. / Der deutsche Bauch / erholt sich auch / und ist schon sehr viel runder.« Er könnte dabei auch die gutgenährten Figuren von Loriot im Sinn haben. Diese sind zwar von einem begabten Künstler, aber augenscheinlich nicht vom Krieg gezeichnet. Da drängt sich die Frage auf, ob das gut im Saft stehende Knollennasenmännchen eine entbehrungsreiche Vergangenheit oder gar eine ordnungsgemäße Entnazifizierung hinter sich hat. 1998 erinnert sich der Kritiker Marcel Reich-Ranicki im Rahmen einer

Diskussion im *Literarischen Quartett* daran, wie sehr ihn etwa zu der Zeit, da Loriot mit seinen Büchern größere Bekanntheit erlangte, Martin Walsers Roman *Ehen in Philippsburg* (1958) in Erstaunen versetzt hatte. Schließlich komme in diesem Buch »ums Verrecken niemand [vor], der vielleicht in der SA war oder in der HJ oder im BDM«, es sei ein Roman über »Menschen ohne Vergangenheit«. Ähnliches lässt sich über Loriots Karikaturen der gehobenen westdeutschen Kreise sagen, die anscheinend nach dem Kahlschlag schnurstracks zur gutbürgerlichen Saturiertheit übergegangen sind. Das Milieu entspricht der von Walser beschriebenen ›Philippsburger‹ Gesellschaft, die Reich-Ranicki so großes Unbehagen bereiten sollte: partyfeiernde, titel- und statussymbolhörige Generaldirektoren und ihre Ehefrauen, unter denen der unausgesprochene Konsens herrscht, die NS-Zeit mit keiner Silbe zu erwähnen.

Das bedeutet nicht, dass der mit vornehmer Zurückhaltung assoziierte Loriot stets den Mantel der Verschwiegenheit über die braune Vergangenheit legt. So berichtet Stefan Lukschy von einem 1969 für *Cartoon* gedrehten Sketch, der nach der Erstausstrahlung leider nie wieder zu sehen war. Hier beaufsichtigt Loriot als Moderator eine Bastelstunde im Fernsehstudio, an deren Ende die lieben Kleinen u. a. ein selbst gefertigtes Hakenkreuz präsentieren. Ein paar Jahre später befragt Heiner Schmidt als Reporter in *Loriots Sauberer Bildschirm* (1976) Passanten, wie sie dazu stehen, dass einige Bundesbürger noch ein Stück Schweif als evolutionären Überrest am Leib tragen. Einer von jeglicher Form der Andersartigkeit sichtlich angewiderten Befragten legt Loriot das drastische Statement in den Mund: »Nach '33, da hätte man mit sowas aufgeräumt!« In der nächsten Folge tritt im Zoohandlungssketch ein geradezu irritierend sanftmütiger Herr mit Hitler-

Bärtchen auf, der Tiere liebt, »aber sie müssen charakterlich in Ordnung sein«.

Einen Persilschein stellt Loriot seinen Figuren also nicht aus. Stattdessen nimmt er ein Volk höchst effizienter Verdränger aufs Korn. Alexander und Margarete Mitscherlich stellen dazu 1967 in ihrem vielzitierten Buch *Die Unfähigkeit zu trauern* die psychoanalytische Diagnose. Nach 1945 halten sich die besiegten Deutschen ihre Schuldlast vom Leib, um ihr vom Führerkult geprägtes Selbstbild zu retten, was nur durch völlige Verdrängung der Vergangenheit geht. Dank dieser Gefühlsstarre gegenüber dem millionenfachen Sterben schaffen es die Deutschen, sich mit den Siegern zu identifizieren und »die gewaltigen kollektiven Anstrengungen des Wiederaufbaus« zu stemmen, wie die Mitscherlichs ausführen. Das befeuert dann wiederum den fragwürdigen Mythos vom ›fleißigen‹ Deutschen und sichert den neuen Wohlstand. Für die Zeitschrift *twen* schreibt Loriot Anfang der 1960er-Jahre über seinen Besuch bei dem von ihm verehrten Cartoonisten Saul Steinberg in New York. Dieser habe sich über seinen elegant gekleideten Besucher aus Deutschland gewundert: »*Sie* haben den Krieg verloren, und *wir* sehen aus wie ausgebombt.«

Wie man die Gefühlsarmut zumindest ein wenig kompensieren kann, malt sich Günter Grass im berühmten ›Zwiebelkeller‹-Kapitel in seiner *Blechtrommel* (1959) aus. Hier sucht der gehobene deutsche Mittelstand aus Geschäftsleuten, Ärzten, Anwälten und Beamten ein schäbiges Nachtlokal auf, um sich dort einer Art gastronomischen Ablasshandels zu unterziehen. Im ›Zwiebelkeller‹ werden ausschließlich rohe Zwiebeln in rauen Mengen serviert, deren freigelegter Saft das schafft, »was die Welt und das Leid dieser Welt nicht schafften: die runde menschliche Träne. Da wurde geweint. Da wurde endlich wieder einmal geweint«. Loriots Werk ist Teil dieses Kanons deutscher Nachkriegssatire. Einerseits karikiert es die mehr schlecht als recht entnazifizierte alte und neue Elite, andererseits gehört es zum (Um-)Erziehungsprogramm einer Gesellschaft, die nicht nur zum Heulen, sondern auch zum Lachen in den Keller ging. Der Historiker Christoph Stölzl charakterisiert Loriot treffend als einen »Wohltäter der Entkrampfung« – als jemanden, der konsequent den Unernst zelebrierte und die Ironie als Lebenseinstellung salonfähig machte. Wohlgemerkt: die Haltung der *Ironie*, und nicht das laute Tschingdarassa des *Witzes* mit seiner rechtzeitig ausgeschilderten Pointe. Das berührt einen Missstand, den man ohne Übertreibung als deutsches Traditionsproblem bezeichnen kann: die vielzitierte deutsche Humorlosigkeit.

Deutscher Humor – ein Trauerspiel?

Nicht ohne Grund beginnen die meisten Komödieneinführungen mit dem zerknirschten Geständnis, dass es jenseits von Lessings *Minna von Barnhelm* (1767) und Kleists *Zerbrochenem Krug* (1808) ziemlich dünn aussieht mit der deutschen Lustspieltradition. (Selbst die hier genannten Stücke schrammen, wie Joachim Kaiser bemerkt, derart nah »an der Tragödie vorbei«, dass sie wohl »kaum zum Totlachen« sind.) In meinem eigenen Germanistik-Studium empfahl man denjenigen, die mal was zum Lachen brauchten, lieber die Literatur der Nachbarländer: Dürrenmatt-Stücke, Nestroy-Possen, vielleicht noch Grillparzers *Weh dem, der lügt!* (1838).

Fürchtet man sich in Deutschland bloß davor, der unterhaltsamen Komödie die große Bühne zu überlassen, auf der sonst so würdevoll gelitten, gestorben und deklamiert wird? Oder hat das mit dem Erbe des legendär freudlosen Protestantismus zu tun, was schon beinah die Frage nach der ›deutschen Seele‹ berührt? Der aus Österreich nach Hollywood geflohene Filmemacher Billy Wilder hat das Problem mal mit seinem Gleichnis der »Familie in Düsseldorf« umschrieben: Der Familienvater kommt abends nach Hause, wo ihn eine Steuermahnung, der Abschiedsbrief der Ehefrau, ein Haftbefehl gegen den wegen Terrorismus gesuchten Sohn und der Anblick der unverheirateten, schwangeren Tochter erwarten. Der zufällig vorbeikommende beste Freund schlägt dem niedergeschlagenen Patriarchen vor, zur Aufheiterung ins Kino zu gehen – da laufe ja gerade ein neues Drama von Rainer Werner Fassbinder.

Auch bei Loriot sind Figuren, die authentische Fröhlichkeit verkörpern und über echten Witz verfügen, in der Minderheit. Mir fällt da eigentlich nur Frau Jürgens ein, die telefonisch zugeschaltete Gattin des ›Heinzelmann‹-Vertreters. Wir bekommen sie nie persönlich zu Gesicht, aber sie scheint dem Betrieb erfreulich skeptisch gegenüberzustehen und weiß über die Kollegen ihres Mannes herzerfrischend zu lachen, nicht nur über »Herrn Bumsköter« oder »die fette Schnecke«, mit der Direktor Bockmüller verheiratet ist.

Loriot hat den Deutschen niemals pauschal den Humor abgesprochen – das wäre gegenüber einer Nation von Loriot-*Verehrern* auch etwas unfair –, aber er war sich des Problems durchaus bewusst. Im Band *Loriots heile Welt* (1973) beklagt ein Wirtschaftsprofessor den Niedergang der deutschen Humorproduktion. Der einstige Weltmarktführer trage kaum noch 0,02 Prozent zur Exportquote bei, und der Steuerzahler müsse auch noch dafür blechen, dass die amerikanischen Handelspartner »im laufenden Wirtschaftsjahr auf der Abnahme von rund 3800 veralteten US-Witzen [bestehen]«. Anderswo geißelt Loriot die deutsche Fixierung auf rein anlassbezogene, protokollarisch abgesicherte Ausgelassenheit. So warnt er 1958 in der bereits erwähnten Rubrik *Der ganz offene Brief* ironisch vor Tendenzen in der Bevölkerung, den Karneval »über den Aschermittwoch hinaus« zu verlängern »und damit grob gegen das allgemeine Ordnungsbedürfnis [zu] verstoßen«, denn: »Die festgesetzte Faschingszeit enthält die zulässige und völlig ausreichende Jahresdosis an Humor.« Auf das Thema kommt Loriot 30 Jahre später in *Ödipussi* wieder zurück. Hier wirkt Herr Winkelmann an der Gründung eines ebenso tristen wie ineffizienten Karnevalsvereins mit, der noch nicht einmal eine eigene Satzung zustande bringt. Die vom vereinsinternen Fachgremium erarbeitete Karnevalsnase soll aus Sicht des Vorstands die Demaskierung der Gesellschaft symbolisieren, aber ganz sicher keine Heiterkeit verbreiten.

Michail Bachtin hat in seiner berühmten Analyse *Literatur und Karneval* (1969) auf die politische Dimension des Karnevals hingewiesen. Dieser lasse das Leben für eine kurze Zeit »aus seiner üblichen, gesetzlich festgelegten und geheiligten Bahn« ausbrechen und »den Bereich der utopischen Freiheit« betreten. Es sind vor allem repressive Gesellschaften, die den Karneval ganz bitter nötig haben und sich umso verzweifelter auf ihn stürzen. Gibt es ein humorloseres Schauspiel als die alljährliche Parade konservativer Landesväter und -mütter, die sich pünktlich zur Faschingszeit plötzlich mit Scherzbrillen oder verkleidet als Marvel-Superheldinnen ablichten lassen? Das Alltagspendant zu dieser terminlich strikt abgegrenzten, behördlich normierten Tristesse mit ihren vorproduzierten Kamellen und ihren protokollarisch durchgetakteten Festumzügen ist das Witzeerzählen, denn es gestattet Schlagfertigkeit und Anarchie nur in geskripteter Form und schreibt feste Rollen zu: Alle bitte mal für einen Moment den Ernst einstellen, der Kollege möchte uns einen Witz erzählen!

Während in *Monty Python's Flying Circus* Schlusspointen entweder konsequent verweigert oder – wie beim Sketch mit der schmutzigen Gabel – als Museumsstück mit eigenem Titelschirm präsentiert werden (»And now ... the punchline!«), verzichtet auch Loriot meist auf den ganz großen Tusch und bescheidet sich mit Understatement (»Ach?«). Anderswo gibt es statt klassischer Schlusspointen immerhin pointierte Schlüsse, etwa wenn der Kellner überraschend doch noch den zweiten Kosakenzipfel serviert und sich der Streit damit als viel Lärm um nichts entpuppt, oder wenn sich die Paartherapeutin dem Knutschtest-Dummy hingibt und damit ihre eigene Störung enthüllt. Natürlich ist Komik keine wissenschaftliche Disziplin, in der immer verlässlich die am weitesten entwickelten Experten mit der aktuellsten Methodik den Ton angeben. Stattdessen kommt es – wie in der Evolution – zu Atavismen. Während sich die Spezies insgesamt höher entwickelt, weisen einzelne Exemplare plötzlich wieder die Behaarung der Höhlenmenschen auf. Robert Gernhardt zitiert in *Was gibt's denn da zu lachen?* eine inzwischen nicht mehr erhältliche Begleitpublikation zu der Dieter-Hallervorden-Show *Nonstop Nonsens* (1975–80). Hallervordens Sendung, die zur selben Zeit wie Loriots Sketche entstand, führ mit gespielten Witzen (»Palim-Palim!«) Traumquoten ein. Gernhardt zitiert aus dem Buch, das Sketche zum Nachspielen für daheim versammelt, mit einigem Schauder Tipps wie denjenigen, man solle zur Unterstützung der Schlusspointe das Licht ausschalten und Musik einspielen, als »kleine Hilfestellung für die Zuschauer«, die dann »blitzartig [merken]: ›Ach, das sollte die Pointe sein!‹«.

Wenn das der Maßstab für humoristische Einlagen im Fernsehen war, musste einer wie Loriot mit seinem Programm wie ein Revolutionär wirken, vielleicht auch erstmal wie ein Exot. Passenderweise war es 1967 nicht die Unterhaltungs-, sondern die *Dokumentar*abteilung der Fernsehanstalt, die mit dem *Cartoon*-Projekt an Loriot herantrat. Das suggeriert eine sehr deutsche Herangehensweise: Der Humor wird erst einmal erforscht und katalogisiert, bevor er tatsächlich *ausgeübt* werden kann. In gewisser Hinsicht ist Loriot diesem ursprünglichen Auftrag des Senders, also der journalistischen Dokumentationspflicht nachzukommen, stets treu geblieben – nicht wenige sehen in ihm einen Ethnographen der BRD.

»Er allein hat die Archetypen der Bonner Republik entworfen. Männlein wie Weiblein. Die Sekretärin, die ihr Haar öffnet und das bereits als Obszönität empfindet. Das bräsige Urlauberpaar auf Mallorca. Und natürlich den Rentner mit Hosenträgern, der gelangweilt, weichgepolstert und abgesättigt in seinem Sessel sitzt und darauf besteht nichts zu tun (»Ich sitze hier, weil es mir Spaß macht«). Wer genau hinblickt, sieht dort im Sessel die Bundesrepublik sitzen.«
(Florian Illies)

Das greift zugleich etwas kurz, denn zahllose Loriot-Szenen geißeln allgemein-menschliche Schwächen, die keineswegs Alleinstellungsmerkmale bundesdeutscher Kleinbürgermentalität sind. Interessanterweise hat sich Loriot aber mit einem seiner wenigen Versuche, die eigene Arbeit außerhalb des deutschsprachigen Raums bekannt zu machen, selbst als eine Art Botschafter des deutschen Humors in Stellung gebracht.

Der britische Fernsehsender Channel 4 strahlt am Heiligabend 1984 eine Auswahl von Loriots Sketchen aus, ins Englische synchronisiert und durch ein paar neue, von Loriot auf Englisch eingesprochene Moderationen verbunden. Die englischen Programmzeitschriften kündigen Loriot als »eine Kreuzung aus preußischem Adel und Jacques Tati« an. Das scheint ein Widerspruch zu sein, denn wie soll sich die rigide Körperhaltung des Militärs mit schlaksiger Slapstick-Lockerheit vertragen? Das geht natürlich *doch*, denn der komische Körper braucht nicht permanent durchlockert zu sein, sondern muss sich bloß quer zum dominanten Körperdiktat stellen. Wo Gleichschritt und dauerhafte Körperspannung herrschen, fällt der komische Körper durch gummiartige Flexibilität auf; und wo umgekehrt Lockerheit verordnet wird, kann er seine sture Steifheit nicht abschütteln. Jacques Tati, mit dem die Briten Loriot vergleichen, schafft in *Les vacances de Monsieur Hulot* (dt. *Die Ferien des Monsieur Hulot*, 1953) nicht nur den Präzedenzfall für das schief hängende Bild, das sich bei Loriot zur legendären »Zimmerverwüstung« auswächst, er scheitert auch andauernd am Entspanntheitszwang und spielt Tennis so, wie pflichtbewusste Postbeamte Briefe abstempeln. Die Beschreibung der Programmzeitschrift lässt mich auch an den fast zwei Meter großen John Cleese denken, der in *Fawlty Towers* (1975) seine deutschen Hotelgäste mit einem wahnwitzigen Stechschritt überrumpelt. Dass auch Loriot zu solch regelrecht tänzerischen Leistungen fähig ist, zeigt er immer wieder in unerwarteten Kabinettstücken, zum Beispiel wenn er in den *Teleskizzen* wie ein Schimpanse läuft, um die ›Sitzfalte‹ seiner neu erworbenen Hose zu heben.

An der englischen Loriot-Sendung wirkt als Sprecher der in Berlin geborene britische Schauspieler Andrew Sachs mit, bekannt als begriffsstutziger Kellner Manuel (»Qué?«) in *Fawlty Towers*. Zum Thema »Worüber lachen die Deutschen?« wird er für die BBC später noch ein Radiogespräch mit Loriot führen, womit Letzterer seinen Anspruch unterstreicht, ein Botschafter des deutschen Humors zu sein. Daheim in Deutschland tritt er nie so in Erscheinung – hier agiert er lieber als Botschafter für einen untergegangenen Staat.

Der preußische Botschafter

In biographischen Darstellungen Loriots nimmt die väterliche Seite der Familie, das Geschlecht der von Bülows, meist sehr viel Raum ein. Der guten Überlieferungslage und dem stolzen Stammbaum können die Autoren nur selten widerstehen, tummeln sich doch in der Ahnengalerie, wie Loriot in einer Dankesrede an der Universität der Künste Berlin 2003 ausführt, nicht nur »seriöse, fleißige Raubritter«, sondern auch Diplomaten und Generäle. Die von Bülows haben immer wieder hohe Ämter in der Kirche und beim Militär bekleidet, mit Friedrich Wilhelm Bülow von Dennewitz gar den »Retter Berlins vor Napoleon« (Wulf Holtmann) gestellt. Bis ins 12. Jahrhundert lässt sich das Geschlecht zurückverfolgen, das Familienwappen immerhin bis ins 13. Dem später hinzugekommenen Wappenvogel sollte Loriot bekanntlich sein Pseudonym ablauschen, denn der Pirol heißt auf Französisch *le loriot*.

Über seine Ahnen scherzt Loriot im selben Atemzug, diese hätten zwar »langjährige Erfahrung in der Aufzucht brauchbarer Soldaten, Landwirte und Staatsdiener« bewiesen, aber Wissensdurst lediglich an den Tag gelegt, wenn es um »Heeresdienstvorschrift, die Bibel und den Kalender *Wild und*

Hund« ging. Das ist ein wenig übertrieben. Einige der von Bülows waren den schönen Künsten durchaus zugeneigt – Frieda von Bülow (1857–1909) zählt nicht nur zu den Pionierinnen des deutschen Feminismus, sondern schrieb auch zahlreiche Kolonialromane. Nicht minder bekannt ist der Dirigent Hans von Bülow (1830–1894), dem Richard Wagner die Gattin Cosima ausspannen sollte, was Loriot seinem musikalischen Fixstern aber nicht besonders krummnahm.

Wenn Loriot auf eine gewisse Distanz zu seinen ›Raubritterahnen‹ geht, spricht daraus möglicherweise ein Problembewusstsein für den preußischen Adel, der Teil seiner geistigen DNA war. Loriot hat sein Preußentum stets über seine Staatsangehörigkeit gestellt: »Ich bin nicht nur ein Deutscher, ich bin ein Preuße. Und das wiegt schwerer.« Deswegen hat es auch niemals ernsthafte Versuche gegeben, den gebürtigen Brandenburger als ›Ossi‹ zu vereinnahmen, trotz immenser Loriot-Verehrung in der DDR, wo die Menschen natürlich genauso aneinander vorbeiredeten und sich mit tückischen Verhaltensskripten herumschlugen wie im Westen. Loriot hat selbst zugegeben, dass er sich desto heftiger an Preußen und die preußischen Kapitel der Familiengeschichte geklammert hat, je länger Preußen von der historischen Karte getilgt worden war. Das bedeutet kein Bekenntnis zu stumpfem Militarismus. Dafür, dass ein geschichtsvergessener Zinnsoldaten-Fetisch auch in der bundesdeutschen Gegenwart noch Anhänger fand, steht niemand so emblematisch wie Opa Hoppenstedt. Bei seinem ersten Auftritt, in *Loriot III* (1977), verzichtet er in einer Talkrunde als ›Stimme aus dem Volk‹ darauf, den anwesenden Politikern Fragen zu stellen, grüßt lieber seine Verwandten und wünscht sich Marschmusik. Auch das Weihnachtsfest steht dank Opa Hoppenstedts Musikgeschmack im Zeichen strammen Preußentums; hier unterbricht er die besinnliche Chormusik am Heiligabend mit seiner Lieblingsplatte: dem von Friedrich Lübbert komponierten *Armeemarsch Nr. 2* (»Helenenmarsch«, 1857), der ursprünglich den von den preußischen Farben inspirierten Titel *Schwarz und Weiß* trug. Es ist wohl kein Zufall, dass sich Loriot immer wieder mit Opa Hoppenstedt identifiziert. So tritt er in der Sendung zum 60. Geburtstag als humorlose Rentnerversion seiner selbst auf und beantwortet die Frage nach seiner Lieblingsmusik mit »Gute Militärmärsche!« (was dem Verehrer des Tristanakkords das Herz gebrochen haben muss); die Sendung zum 80. Geburtstag beginnt gar mit dem Bild des stur im Takt boxenden Rentners mit der strammen Gesinnung und der Bemerkung: »Ich bin Preuße. Bitte zügeln Sie Ihre Begeisterung.«

Tatsächlich ist Loriots Preußen-Bild ein anderes. Es speist sich aus dem Glauben an eine nicht vom Faschismus kleinzukriegende Kultur, an Humboldt und den kunstbeflissenen Friedrich den Großen, dessen Briefwechsel mit Voltaire Loriot gemeinsam mit Walter Jens vor Publikum gelesen hat. Dieses Preußen ist untrennbar mit der humanistischen Bildung verbunden, die dem jungen Feingeist Vicco von Bülow eine Jugend in der Diktatur erträglich machte. Dass die Führungsriege der Nazis häufig mit dem preußischen Korpsgeist synonym gesetzt wird, hat ihm zu schaffen gemacht. Dennoch ist es durchaus problematisch, wenn ihn z. B. Marion Gräfin Dönhoff dafür rühmt, das ›wirkliche‹ Preußen gegen tumbe Soldatenklischees verteidigt und dabei ›wahre‹ preußische Tugenden wie Selbstdisziplin und Perfektionismus hochgehalten zu haben. Dieser Mythos vom ›guten Preußen‹, den Christopher Clark als das »rosarote Bild der preußischen Vergangenheit« kritisiert (*Preußen: Aufstieg und Niedergang 1600–1947*, 2007),

Porträt des Künstlers als alter Preuße: Opa Hoppenstedt.

stützt sich gern auf ein großes historisches Potpourri von Kleist bis Stauffenberg. Wenn Loriot das heroische Attentat des Letzteren im Gespräch mit der *SonntagsZeitung* (1993) als Teil seines persönlichen preußischen Erbes benennt, dabei allerdings Stauffenbergs strammen Antisemitismus und seinen flammenden Nationalismus galant unter den Tisch fallen lässt, dann dürften sich daran die Geister ebenso scheiden wie an

Loriots sturem Beharren, die musikalischen Verdienste Richard Wagners müssten von dessen Deutschtümelei und Judenhass getrennt werden. 2003, in einem späten Interview, ringt sich Loriot zu dem Zugeständnis durch, »die sprichwörtliche preußische Disziplin« habe »den Nazis das Regieren leichter gemacht«.

Dieses historische Dilemma lässt sich nicht auflösen, aber Loriots Komik weiß mit ihm umzugehen. Ironisch lässt sich ein wenig das bejahen, was zugleich spielerisch aus den Angeln gehoben wird. Loriot tut das u. a. mit einer autobiographischen Schilderung, die am Schluss des *Großen Ratgebers* nachzulesen ist – als Dreikäsehoch galoppiert er auf der Sofalehne, bis dem kleinen Möchtegern-Chevalier »die preußische Geschichte [entgleitet]« und er mit dem Hinterkopf auf Urgroßmutters Nähkästchen prallt. Von vergleichbarer Ironie sind die Erinnerungen an den Vater durchzogen. Der tüchtige Polizeiausbilder Johann-Albrecht Wilhelm von Bülow pflegte noch in den 1930er Jahren täglich in Uniform und mit umgeschnalltem Degen zur Arbeit zu radeln, bis ihm eines Morgens die Waffe in die Speichen geriet. Die offiziellen Insignien als Stolperfalle bzw. als Effizienzbremse, das taucht dann bei Loriot immer wieder auf, etwa wenn »Generalleutnant Dallwitz« in einem Cartoon mit ansehen muss, wie der Stoff seiner von schweren Orden gesäumten Uniform unter dem Gewicht des ganzen Zinnobers reißt, oder im Sketch mit Oberbrandmeister Hertwig, der vor lauter Fachsimpelei über sein phallisches Dienstgerät (»die neue Hochdruck-Spritze Zwo Strich 75«) versäumt, das Feuer zu löschen. Heinz Meier, der diesen hyperkorrekten Feuerwehrmann spielt, gibt mit ostpreußischem Dialekt auch den »Lottojewinner« Erwin Lindemann, der sich stur ans auswendig gelernte Skript hält, komme was da wolle.

Diesen protokollversessenen Drill hat auch Marianne Koch im Sinn, die Loriot 1979 in einem Fernsehinterview vorhält, er entspreche ja mit seiner ironischen Grundhaltung so gar nicht dem Klischeebild der Preußen. Der Befragte weist das aber von sich. Doch, doch – »*so* sind Preußen!«

Bürgerkriege

Kleinbürger-Tragödien

Vor Loriot hat sich in der deutschsprachigen Humorlandschaft Wilhelm Busch am ausgiebigsten mit dem kleinbürgerlichen Milieu befasst – mit den Philistern, Spießern und Pedanten. Bei Loriot mangelt es nicht an Figuren, die in der Tradition von Witwe Bolte und Lehrer Lämpel stehen. Da wäre Herr Blühmel, der einen Kurs in der Benimmschule absolviert, weil er Aufstiegsambitionen hegt, dort aber nur völlig sinnlose Konversationsfloskeln aufschnappt. Da wären die Mitglieder der Familie Panislowski, die ihr Familienidyll an der üppig gedeckten Kaffeetafel für die Nachwelt festhalten möchten, und natürlich die um den »Kosakenzipfel« streitenden Ehepaare Hoppenstedt und Pröhl, die fünf Jahre brauchen, um aus einer Campingplatz-Bekanntschaft »so etwas wie eine Freundschaft« zu machen und sich reichlich ungelenk das Du anbieten, es dann aber bei der ersten kleinen Irritation sofort wieder zurücknehmen. Überhaupt, die Hoppenstedts – jenes Kollektiv gemütlichkeitsversessener Spaßbremsen, das »aus dem Musterbuch des bundesdeutschen Wohlstandsspießers« (Jens Wietschorke) zu stammen scheint, selbst aber über die »Spießer« im Haus schimpft, die an der Demolierung des Wohnraums durch Kernkraftspiele Anstoß nehmen.

In den 1970er-Jahren, als Loriot die Hoppenstedts auf das Fernsehpublikum loslässt, befindet sich die Anti-Spießbürger-Polemik in der Bundesrepublik auf ihrem Höhepunkt. Im progressiven Alternativmilieu wird den bräsigen Philistern u. a. »Passivität, Konformität, Neophobie und Konservatismus« zugeschrieben, wie Sonja Engel und Dominik Schrage in ihrer lesenswerten Geschichte des *Spießerverdikts* (2022) ausführen; die bürgerliche Mitte wird als »Ort der Stagnation, der überlebten Konvention und der konformistischen Langeweile« geschmäht. Wenn also Mutter Hoppenstedt den Nachwuchs am Ende eines äußerst tristen Heiligabends mit den Worten ins Bett schickt, man solle aufhören, wenn's am schönsten ist, dann demonstriert sie dieselbe Geisteshaltung, die auch dem piefigen Karnevalsfimmel zugrunde liegt. Das ist stereotyp deutsch, aber keineswegs eine rein deutsche Angelegenheit. (Jon Arbuckle, der akkordeonspielende Besitzer des verfressenen Comic-Katers Garfield, ist im Grunde der amerikanische Vetter der Hoppenstedts. Er sagt von sich: »Wenn mir der Sinn nach Spaß steht, kann einfach alles passieren«, worauf sich sein Kater denkt: »Mal abgesehen von Spaß.«)

> »Der Kleinbürger ist fremdbestimmt. Er hat kein eigenes Urteilsvermögen, er übernimmt nur als Spießer die alten Traditionen und als moderner Mensch die neuesten Trends, ohne sie kritisch zu hinterfragen. Auf sprachlicher Ebene zeigt sich diese Unreflektiertheit darin, dass allgemein viele modische Sachverhalte eingeführt und Modewörter benutzt werden, ohne dass ihre Bedeutung klar wäre.« (Felix Christian Reuter)

Das rigide Korsett der Kleinbürgerlich-keit: Herr Blühmel in der Benimmschule.

Im direkten Vergleich fällt auf, dass Wilhelm Buschs Geschich-ten wesentlich drastischer enden – mit Gewaltorgien, die in vorsätzlich behäbigen Versen und den sie begleitenden Illust-rationen gerade noch so durchgehen, im Rahmen eines öffent-lich-rechtlichen Sketchprogramms aber keine Chance hätten. Da durften sich Monty Python bei der als konservativ ver-schrienen BBC mehr herausnehmen und 1970 ihren Sketch über den Kannibalen im Bestattungsinstitut aufnehmen, wenn auch unter der Maßgabe, dass das Studiopublikum wäh-rend der Darbietung Entrüstung zeigen und am Schluss die Bühne stürmen musste. So wild treibt es Loriot in der Zeit nach *Cartoon* nicht mehr, aber auch er macht sich über das in der guten Stube hockende, ordnungsversessene kleinbürgerli-

che Milieu lustig, indem er das Chaos hereinbrechen lässt –
oder indem er seinen Lesern ganz und gar nutzlose Tipps für
den guten Umgang an die Hand gibt.

Der Anti-Knigge

Die krachende Blamage auf gesellschaftlichem Parkett ist kein
Alleinstellungsmerkmal von Loriots Komik. Den Knicks, der
mit einem zerrissenen Hosenbund endet, gibt es schon bei
Charlie Chaplin, der sein Dessert versehentlich im Kleid einer
feinen Dame versenkt (*The Adventurer*, 1917). Loriot reitet aber
eine weit größer angelegte Attacke auf die sozialen Normen,
die in fast allen seiner Werke thematisiert werden. In einem
Spiegel-Gespräch von 1988 bekräftigt Loriot, dass er »Umgangsformen und Umgangsregeln [liebt], weil ich glaube, dass
es die einzige Möglichkeit ist, gefahrlos miteinander umzugehen«. Diese Liebe zu den Regeln des gesellschaftlichen An-
stands ist aber ebenso zweischneidig wie die zu den Klassi-
kern, denn als mindestens so gefährlich wie die *Abwesenheit*
fester Regeln erweist es sich, wenn diese Regeln ungenügend
beherrscht oder nachlässig umgesetzt werden.

Für korrekte Umgangsformen in allen Lebenslagen steht
wohl kein Name so sehr wie der von Adolph Freiherr Knigge
(1752–1796). Noch heute erscheinen Pseudo-Knigges, deren
Titel eigentlich schon alles sagen: *Knigge für Dummies* ist
ebenso darunter wie der *Jäger-Knigge*, der *Business-Knigge*
oder, besonders perfide, *Knigge kinderleicht* (mit dem Unterti-
tel *Benimm für Kids*, da es anscheinend nie zu früh ist, um mit
einem Stock im Hintern herumzulaufen). Das deutet auf das
Durchhaltevermögen einer wertkonservativen und, so darf

man mutmaßen, obrigkeitshörigen Mittelschicht hin, die Trost in der Vorstellung eines rigiden Benimmkorsetts findet. Knigges ursprünglicher Ansatz war ein anderer. Als Hofbeamter hatte er an diversen Fürstentümern desillusionierende Erfahrungen gemacht und wollte mit seinem Hauptwerk *Über den Umgang mit Menschen* (1788) ein demokratisches Erziehungsbuch für *alle* Menschen schaffen. Es sollte idealtypische bürgerliche Moral und Tugend festschreiben – nicht, um das Bürgertum zur Nachahmung des vermeintlich ›besseren‹ Adels zu animieren, sondern um einen Bildungsplan nach humanistischem Vorbild aufzustellen. Knigges Projekt verrät, wie Gert Ueding darlegt, ein neues »bürgerliches Selbstbewußtsein« und trägt – wir befinden uns in der Zeit der Französischen Revolution – durchaus politische Züge.

Knigges Buch ist ein Lebenshilferatgeber, den schon damals kaum jemand am Stück gelesen haben dürfte. Auch heute empfiehlt es sich, so manches Kapitel besser zu überspringen. Beispielsweise rät Knigge Frauen, lieber ihrer ›natürlichen Bestimmung‹ zu folgen, statt gelehrsam daherzureden, und warnt alle ›guten Christenmenschen‹ vor den ›geldgierigen Juden‹. Bei einer selektiven Lektüre des Buchs wird man aber manch gewitzte Passage finden, und natürlich viel didaktisches Feuer: man *muss*, man *sollte*, man *beachte*. Was einen versierten Parodisten wie Loriot inspiriert haben dürfte, sind Knigges Hinweise zu »gesellschaftlichen Unschicklichkeiten und Konsequenzen«. Diese lesen sich beinah wie ein Stichwortregister zu Loriots gesammelten Werken bzw. wie Vorlagen, die Loriot in seinen Zeichnungen und Sketchen bloß noch umsetzen muss. Knigge diskutiert, was beim Geplauder während des Konzerts zu beachten ist – Loriot denkt sich dazu den nervigen Herrn aus, der seine Sitznachbarn mit der Geschichte vom »Salamo-

Bratfett«-Preisausschreiben, na ja, ›unterhält‹. Knigge leidet, wenn Menschen »ein Instrument elend spiel[en]«, und Loriot fallen dazu der schrullige Cello-Dilettant Herr Pochlow und das hundserbärmliche Blockflötenduett des Ehepaars Lohse in *Pappa ante Portas* ein. Geißelt Knigge sanft diejenigen, die »ein Kartenspiel nicht verstehen«, sich aber »dennoch dabei hinzusetzen«, um ihrer »Gegner Geduld auf die Probe zu stellen«, dann findet sich dazu bei Loriot die Skatrunde, die durch den begriffsstutzigen Herrn Moosbach sabotiert wird (»Was ist Trumpf?«).

Noch deutlicher in der Tradition Knigges stehen die vielen Zeichnungen im *Großen Ratgeber*, der in Kapitel wie »Haus und Garten«, »Gesellschaftliches« und »Geschäftliches« unterteilt ist und bereits im Vorwort das Versprechen abgibt, richtiges Verhalten für jede Lebenslage parat zu haben. Wenn dann als Beispiel die Frage nachgeliefert wird, »ob bei Explosionen in geschlossenen Räumen der Herr oder die Dame zuerst durch das Fenster fliegt«, wird dieses Projekt natürlich von Anfang an ad absurdum geführt. Auch im weiteren Verlauf des Buchs lässt Loriot keine Gelegenheit aus, das Dasein durch vollkommen unpraktische, aber mit weltmännischer Sicherheit vorgetragene Hinweise gründlich zu verkomplizieren. Der Verzehr einer Banane »im Windsor-Stil« zählt ebenso dazu wie das Ablegen der befleckten Hose im Rahmen eines geselligen Abendessens.

Im Grunde karikiert Loriot hier nicht den *Knigge*, sondern dessen reichlich einfältige Rezeption als (klein-)bürgerliche Bibel für all jene, die meinen, man werde ein besserer Mensch, wenn man das Besteck in einem bestimmten Winkel zur Tischkante ablegt. Das lässt vom emanzipatorischen Projekt des Aufklärers Knigge nicht viel mehr übrig als ein biedermei-

erliches Ideal bzw. »Anweisungen zur privaten Glückselig-
keitsbeförderung«, die eine bürgerliche Haltung rechtfertigen,
»wie sie schon Norbert Elias eindringlich als Ausdruck politi-
scher Machtlosigkeit und Resignation beschrieben hat« (Gert
Ueding). Das ist dann doch wieder ein deutsches Problem, das
Loriot auch als solches identifiziert: Im Westen wie im Osten,
so schildert er es der *Sächsischen Zeitung* in einem seiner letzten großen Interviews 2008, habe zu lange die Angst davor
dominiert, »sich in einer bestimmten Weise falsch zu verhalten«, und ein so ängstliches Volk klammere sich dann eben an
Regelwerke, egal wie blödsinnig diese sind.

Bei derartiger Fixiertheit auf ›richtiges‹ Verhalten entsteht
zwangsläufig Fallhöhe – vor allem, wenn wir an Situationen
teilhaben, in denen unsere vertrauten sozialen Skripte versagen. Der Soziologe Dirk Koob greift in seinem Aufsatz »Loriot
als symbolischer Interaktionist« (2007) eine dieser Situationen
heraus, um zu veranschaulichen, wie durch Handeln in einer
an sich ›unmöglichen‹ Situation soziale Ordnung hergestellt
wird. Die beiden Leistungsträger Herr Dr. Klöbner und Herr
Müller-Lüdenscheidt sitzen sich unerwartet beim Baden gegenüber – da die Szene *in medias res* beginnt, kommt Loriot
nicht in die Verlegenheit, erklären zu müssen, wie sich die
Herren überhaupt in derselben Badewanne niederlassen konnten. Die Situation wird von beiden als Grenzüberschreitung
aufgefasst, und unter strikter Wahrung aller Höflichkeitsnor-
men suchen sie nach Wegen, einerseits ihr Selbstbild zu be-
wahren und andererseits Ordnung wiederherzustellen. Das
wird durch die Eitelkeit beider erschwert, denn Status und so-
ziales Kapital sind anscheinend auch dann von Gewicht, wenn
man sich nackt gegenübersitzt (»Sie können sich in *meiner*
Wanne eine eigene Meinung überhaupt nicht leisten!«). Die

Auseinandersetzung darüber, ob Herrn Dr. Klöbners Ente mit ins Badewasser genommen werden darf bzw. muss, stellt dabei nur *einen* Versuch dar, »Normen irgendwie von außen an die Situation heranzutragen bzw. eigene Normen zu bilden, um so der Situation Sinn und Struktur zu verleihen« (Koob).

Etliche Normen drehen sich ums Essen in geselliger Runde, denn fast nirgends kann man sich so wunderbar bis auf die Knochen blamieren wie hier. Essend sind wir verwundbar – der Soßenfleck auf dem Hemd, die Nudel im Gesicht. Dank Deodorant und abschließbaren Toilettentüren können wir zwar vor unseren Mitmenschen den Anschein wahren, wir hätten unser tierisches Naturell hinter uns gelassen, aber unseren Hunger stillen wir aus unerfindlichen Gründen immer noch im Beisein anderer. Essen gilt – wenigstens mit geschlossenem Mund – gerade noch so als gesellschaftsfähig, das Verdauen dagegen nicht. Auf den Kopf gestellt wird dieses Verhältnis in Luis Buñuels Film *Le fantôme de la liberté* (dt. *Das Gespenst der Freiheit*, 1974), entstanden etwa zu der Zeit, als auch Loriot zu Pökelzunge in Burgunder oder Kalbshaxe »Florida« Dinner-Etikette durchnimmt. Bei Buñuel nehmen die Gäste am Tisch Platz, um gemeinsam ihre Notdurft zu verrichten, und ziehen sich bei Bedarf in kleine Räume zurück, um dort verschämt eine Mahlzeit einzunehmen. Genauso wie Buñuel hält es Loriot mit Luther und schaut dem Volk aufs Maul, in der Art des an Essritualen interessierten Anthropologen aber auch mal *hinein*. Je aufdringlicher, desto ergiebiger. Da nicht einmal der enzyklopädische Knigge für *jedes* Benimmproblem vorgesorgt hat, gibt es umso mehr Leerstellen, die der Humorist füllen darf.

Dass man auch den umgekehrten Weg gehen und von der Komik zur Stilkunde finden kann, zeigt der Werdegang von

Loriots ehemaligem Co-Regisseur Tim Moores. Der gebürtige Brite, der mit Loriot zusammen an *Cartoon* gearbeitet und ihm später das Wortmaterial für die von Evelyn Hamann vorgetragene »Englische Ansage« geliefert hat, macht in den 1990er Jahren eine Umschulung zum Butler, um fortan neureichen Exil-Amerikanern zu dienen.

Kosakenzipfel-Rezept von Thomas Vilgis

Thomas Vilgis ist Physiker und forscht am Max-Planck-Institut für Polymerforschung u. a. im Bereich Food Science. Aus Anlass des 95. Geburtstags von Loriot im Jahr 2018 hat er sich dieses avantgardistische Rezept ausgedacht.

1. Der Boden

100 g Buchweizenmehl, 50 g Buchweizen (ganz), 50 g Mandelgranulat, 100 g Puderzucker, 1 Eiklar, ½ TL geriebene Tonkabohne

Den ganzen Buchweizen trocken in einer Pfanne anrösten und anschließend in einem Mixer grob hacken. Das Eiklar mit dem Puderzucker zu einem Eischnee schlagen, dabei mit Tonkabohne würzen. Buchweizenmehl mit dem gerösteten Buchweizen und dem Mandelgranulat vermengen. Unter die Buchweizenmischung gerade so viel Eiklar unterheben, dass eine plastische Masse entsteht. Zu einem Teig ausrollen (ca. 1 cm dick) und mit einem Dessertring Scheiben ausstechen und diese im Ofen bei 160 °C backen (ca. 20 Minuten).

2. Das Zitronencrèmebällchen
(einen Tag vorher zubereiten)

1 Biozitrone, 50 g Butter, 100 g Puderzucker, 1 Ei, 100 ml Orangensaft, 1,5 g Agar-Agar

Die Biozitrone fein abreiben, den Saft auspressen. Butter, Zucker, Zitronensaft und -schale bei kleiner Hitze unter ständigem Rühren schmelzen. Das Ei verquirlen und unter die Butter-Zitronen-Mischung heben. Unter Rühren so lange erhitzen, bis eine dicklich-cremige Masse entstanden ist. Die Masse in eine Silikonform für Halbkugeln geben und einfrieren. Andertags das Agar-Agar mit dem Orangensaft vermengen, aufkochen und auf ca. 45 °C abkühlen lassen, so dass der Orangensaft gerade noch flüssig bleibt. Die gefrorene Zitronencrème herausnehmen und je zwei gefrorene

Halbkugeln zu einer Kugel zusammenpressen und sofort (mit einer Zange oder größeren Küchenpinzette) mehrmals durch den Agar-Agar-Orangensaft ziehen, so dass der Saft sofort geliert und die Halbkugeln fest umschließt. Im Kühlschrank auftauen lassen.

3. Das Mokka-Trüffelparfait

100 ml Sojamilch, 50 g Zucker, Mark einer Vanilleschote, 50 g Italienischer Mokka, 1 Tafel Bitterschokolade (70 % Kakaoanteil)

Die Sojamilch mit dem Zucker und dem Mokka aufkochen, 10 Minuten ziehen lassen und dann abseihen. Sobald die Mokka-Sojamilch etwa 45 °C hat, die Vanille dazugeben und die Schokolade nach und nach darin schmelzen, immer kräftig rühren, bis sich eine dickliche Konsistenz ergibt. Weiter abkühlen lassen, bis die Masse fest, aber streichfähig ist.

4. Die Meringue

4 EL getrocknetes Eiweiß (Albumin), 12 EL kräftiger Rooibostee, 12 EL Puderzucker

Das getrocknete Albumin mit dem Rooibostee zu einem Schnee aufschlagen, dabei nach und nach den Puderzucker beigeben.
Zu einem zipfelartigen Gebilde auf Backpapier formen (z. B. mit einer Spritztülle oder einem Sahnebläser). Im Ofen bei 90 °C 45 bis 60 Minuten trocknen.

5. Die Verzierung

Sehr steif geschlagene Schlagsahne (ggf. mit kaltlöslicher Stärke oder Sahnesteif versetzt) in einen Spritzbeutel gefüllt.

6. Montage

Die Buchweizenböden dick mit der Mokka-Schokocrème bestreichen, das Zitronencrèmebällchen in die Mitte geben und alles mit Sahne kegelförmig umspritzen. Die Rooibosmeringue obenauf setzen.

Das Unbehagen der Bildungsbürger

Vorhin habe ich mich über die aus der Comedy-Steinzeit stammenden Anthologien mit ›Witzen zum Nachspielen‹ lustig gemacht. Das ist vielleicht ein wenig ungerecht, denn auch unter Loriots Anhängern sind vergleichbare Druckerzeugnisse durchaus beliebt. Nach wie vor werden ja nicht nur Loriots Zeichnungen in Buchform vertrieben, sondern auch die Drehbücher seiner bekanntesten Sketche und Filmszenen immer wieder aufgelegt. In der Zeit, bevor Fernsehserien im großen Stil auf DVD verfügbar gemacht wurden, war das nicht weiter verwunderlich. Schließlich musste man sich einst auch mit Transkripten der Sendungen von Gerhard Polt oder Monty Python behelfen oder zu üppigen Bildbänden greifen, in denen Filmklassiker Einstellung für Einstellung zum Nachblättern abgedruckt waren. Heute, da die meisten Serien und Filme längst digital erschlossen sind, wirkt diese Praxis eher wie ein Spleen, wenn nicht gar wie ein Ausdruck bildungsbürgerlicher

Arroganz gegenüber dem Fernsehen. Wer sonst dem Pauschalurteil anhängt, das Fernsehen sei insgesamt eine Erfindung des Teufels, mag sich vielleicht die aufgeschriebenen Sketche im Leinen-Einband ins Regal stellen und sie zur Rezitation an ausgewählten Feiertagen hervorholen, frei nach dem Motto: »Dicki möchte uns ein Gedicht aufsagen.« Vermutlich wurde für dasselbe Zielpublikum vor ein paar Jahren auch das Etikett des ›Qualitätsfernsehens‹ geschaffen, das man eigentlich nur dann braucht, wenn man davon ausgeht, dass ›normales‹ Fernsehen eben *keine* Qualität besitzt. Als Loriot 1987 gemeinsam mit Evelyn Hamann im Ostberliner Palast der Republik aus seinen Werken liest, kündigt er »Kultur« und »Fernsehen« als zwei distinkte Themenschwerpunkte des Abends an, so als sei gar nicht erst von einer Schnittmenge beider auszugehen.

Die Titel der als Buch vorliegenden Loriot-Sketche sind eigentlich grober Unfug. So leuchtet nicht ohne Weiteres ein, wieso ein aus Drehbuchausschnitten und Gedichten bestehendes Konvolut als *Gesammelte Prosa* firmiert – es sei denn, man versteht unter Prosa bloß: »Na, Text halt!« Beim Diogenes-Verlag dürfte man sich über diesen kleinen Etikettenschwindel im Klaren sein, zumal auch die Vorworte, die Loriot zu diesen Ausgaben beigesteuert hat, suggerieren, dass das Ganze doch bitte eher ironisch zu sehen ist. Mit noch größerem Klassikeranspruch trumpft der an Goethe und Schiller erinnernde Titel *Dramatische Werke* auf, in dessen Einleitung Loriot dem Käufer mit typischem Understatement zum Erwerb »eines Kolossalwerkes« von »überraschende[r] Handlichkeit« gratuliert. Dieselbe ironische Haltung erlaubt es ihm, den Wagner-Habitus ein wenig lächerlich zu finden, aber trotzdem die *Walküre* von der Loge aus zu genießen. Loriot gibt gern den Kultursnob, watscht in seiner *Quick*-Kolumne in den 1950er Jahren Elvis Presley als »die teuerste Nervensäge der Welt« ab und antwortet in Interviews auf die Frage nach hörenswerter *moderner* Musik mit Hans Werner Henze. Trotz seiner Wagner-Verehrung vergisst Loriot niemals, welch komisches Potential darin steckt, wenn bildungsbürgerliche Ikonen überhöht werden. Man denke nur an die mit einem Festmarsch von Wagner unterlegte Inszenierung des 60. Geburtstags, die auf engstem Raum dermaßen viel devoten Glorifizierungskitsch zusammenbringt (Chor, Lorbeerkranz, halbnackte Engelchen, Empore), dass der Jubilar unter diesem Ballast verlorengehen muss – am Ende baumelt er, der symbolisch in den Himmel auffahren soll, über dem ganzen Prozedere wie ein Erhängter.

Loriot macht hier die eigene Heiligsprechung zum Klassiker zwar lächerlich, bestätigt sie aber zugleich ein bisschen. Für einen Komiker ist das eine seltsame Position, denn seine Rolle ist eigentlich die des Narren, der einen zu sehr von sich überzeugten König auf den Boden der Tatsachen zurückholt und ihn daran erinnert, dass wir alle nur schwitzende, verdauende und alternde Organismen sind. Er sorgt dafür, dass dem von sich selbst berauschten Verehrer von Hildegard, der gerade zu schwülstigen Liebeserklärungen anhebt, eine Nudel am Mund klebt, und er platziert wichtigtuerische Lyrikschwärmer im Flugzeug in der Economy-Class, wo sie sich mit den diversen Bestandteilen ihrer eingeschweißten Mahlzeit bekleckern. Hellmuth Karasek bemerkt in der Fernsehsendung zu Loriots 75. Geburtstag zu dieser Szene treffend, dass wir Loriot nicht nur für den unfassbaren »Einbruch von Niedrigkeit in die hohe Poesie« lieben, wenn Heinz Meier mit der »Nase meiner Ollen« dazwischenfährt, sondern auch dafür, dass uns der derbe Zweizeiler insgeheim besser gefällt als die zitierten Rilke-Verse.

An dieses lyrische Intermezzo schließt *Pappa ante Portas* mit der Lesung von Lothar Frohwein an, dem schluckaufge-plagten Autor des Romans *Pedokles* und des Trauerspiels *Goethe in Halberstadt*. Wäre Bildungsbürgertum ein olympischer Zehnkampf, dann zählte wohl auch der Besuch einer Dichter-lesung zum Kanon der Disziplinen. Jedenfalls in der Form, die Loriot hier karikiert: Moderiert von der Bibliothekarin oder einer Dame vom örtlichen Kulturverein, liest ein ewiger Stipendiat, der mit einer Wiederbelebung der anakreontischen Oden-Tradition gegen soziale Missstände und die Vermüllung der Weltmeere aufbegehren will, während am Büchertisch zwei Praktikanten den Heldentod sterben. Was in der Praxis dabei herauskommt, hat Harry Rowohlt mal als eine Veran-staltung charakterisiert, bei der »irgendeine Doppelnamen-Tusse 40 Minuten lang Gedichte vorliest, die sich nicht rei-men, dazu stilles Wasser trinkt und anschließend mit dem Publikum diskutiert«. Das alles wird kultisch zelebriert vor ei-nem Publikum, das Friedrich Tulzer in *Loriot, der Dichter* (2012) als Querschnitt einer kultivierten Mittelschicht liest, die dem Dichterfürsten noch bereitwillig am Altar huldigt: »Die Hemmungslosigkeit der existenzialistischen Intelligenzija ist einer sakralen Milde gewichen.«

Die Distanz zwischen dem lesenden Dichter und dem Pub-likum entspricht dem für Loriot typischen ironischen Sicher-heitsabstand. Der Ironiker geht nie ganz heran, er kommt den Menschen auf halber Strecke entgegen – nicht allzu weit weg (aus der Ferne lässt sich mitleidloser spotten), aber auch nicht allzu dicht am Geschehen (aus der Nähe wären ja Zuneigungs-bekundungen denkbar). Die ›halbe Strecke‹ entspricht dem

Lothar Frohwein liest gleich acht Balladen aus seiner frühen Schaffens-periode.

halbnahen *medium shot*, also jener Kameraeinstellung, die Loriot für seine Sofa-Moderationen wählt. Diese Entfernung charakterisiert auch Loriots Verhältnis zum Fernsehen: eher distanziert als wirklich enthusiastisch. Bei seinem einzigen *Wetten, dass..?*-Auftritt harrt Loriot 1988 tapfer zwei Stunden lang auf der Wettcouch aus, während neben ihm Nina Hagen von ihren »Ufo-Kontaktpersonen« berichtet und die Berliner Philharmoniker dazu aufgefordert werden, zur Einlösung der Saalwette den Veranstaltungsort in Osterhasenkostümen zu betreten. Dafür, dass er von den populärsten Unterhaltungs-formaten keine besonders hohe Meinung hat, sprechen schon seine frühen Parodien in *Cartoon*; überhaupt scheint Loriot wenig von den meisten Sendungen zu halten, die in der BRD zuverlässig ein Millionenpublikum anlockten. Das unterscheidet ihn von einem Oliver Kalkofe, dessen Kritik am aktuellen Sendemüll immer vor dem Hintergrund der eigenen Zuschauerbiographie mit ihren idealisierten ›Sternstunden‹ geschieht. Solche Referenzpunkte besitzt ein Kind der Weimarer Republik nicht.

Im bereits zitierten Vorwort zu den Fernsehskripten attestiert Loriot dem modernen Menschen eine notorische Unfähigkeit, sich noch »auf ein mehrstündiges Bühnenwerk zu konzentrieren«, weshalb »keines meiner Dramen eine Länge von fünf Minuten [überschreitet]«. Das ruft einige der auch heute noch verbreiteten Ängste vor der ›Zombiefizierung‹ der Menschen durch die Glotze ab. In *Loriot I* tritt der Gastgeber u. a. in der Maske des beliebten Populärwissenschaftlers Hoimar von Ditfurth auf und beschreibt im pädagogisch einfühlsamen Zoologen-Ton die völlige Apathie eines Ehepaares. Erst nach Einschalten des TV-Geräts »belebt sich das Mienenspiel, die Nahrung wird angenommen, die Versuchspersonen wirken ansprechbar«.

»Mutters Klavier« ist der programmatischste Sketch zu diesem kulturpessimistisch besetzten Thema, denn er zeigt, wie die Fernsehinszenierung in den privaten Bereich eindringt und wie sich die Familie der Kamera unterwirft. Damit nimmt Loriot bereits im Jahr 1978, wie Eckhard Pabst in einem Vortrag festgestellt hat, das Phänomen Reality-TV vorweg. Denn es ist ja nicht so, dass sich bei Familie Panislowski »der intime Rahmen des Privaten […] für einen externen Blick [öffnet]«, auch wenn der Patriarch uns gern vom Gegenteil überzeugen möchte. Vielmehr wird das Private für den Außenblick überhaupt erst in Szene gesetzt. Da erhält Schwiegertochter Helga die

Anweisung, es müsse alles »natürlicher aussehen«, während Mutter Panislowski »so richtig freudig überrascht« reagieren soll – auch noch bei der fünften Wiederholung.

Zugleich lässt sich Herr Panislowski in seiner Eigenschaft als penibler Regisseur auch als Selbstporträt von Loriot lesen. Dieser pflegte seinem Ensemble teilweise exakte *line readings* zu diktieren – eigentlich die Höchststrafe für professionelle Schauspieler – und ließ Szenen etliche Male wiederholen, bis auch die letzte Nuance stimmte. Eine solche künstlerische Hingabe spricht eigentlich *nicht* für eine schlechte Meinung vom Fernsehen, auch wenn Loriots Äußerungen über das Medium verraten, dass ihm immer ein Rest von schlechtem bildungsbürgerlichem Gewissen geblieben ist. In seinem Vortrag »Satire im Fernsehen« (1979) spitzt er das Dilemma in dem Satz zu: »Wir sind eben mit unserem Kulturgut seriös verheiratet und haben Schwierigkeiten mit der Freundin.« Das charakterisiert nicht nur das Fernsehen als eine im Grunde ›unseriöse‹ Kunst, von der besser geschwiegen wird, sondern nimmt auch die Doppelmoral derer aufs Korn, die sich dafür schämen, wenn sie sich vom Fernsehen gut unterhalten fühlen.

Frauen & Männer

Dafür, dass Loriots animierte »Szenen einer Ehe« und seine Sketche über therapiebedürftige Ehepaare gerade mal um die 10 Prozent der *Dramatischen Werke* ausmachen, haben sie sich für sein Image als erstaunlich prägend erwiesen. Jedenfalls scheint der ›Paartherapeut‹ Loriot im kulturellen Gedächtnis weit präsenter zu sein als der Klassensoziologe oder der Fernseh-Anarchist. Wenn dereinst eine Geschichte der humoristischen Auseinandersetzungen mit Männer-und-Frauen-Klischees geschrieben wird, dürfte darin sicher auch ein Kapitel über Loriot abfallen, irgendwo zwischen Shakespeares romantischen Komödien und den vielen Stand-up-Komikern, die aus dem Satz »Ich war neulich mit meiner Ollen Schuhe kaufen!« abendfüllende Programme stricken.

Fraglos sind Männer und Frauen ein Lebensthema für Loriot. Bereits 1951 zeichnet er zum Thema »Die Frauen sind an der Macht« einige Bildwitze, die Stefan Neumann in seinem Buch *Loriot und die Hochkomik* (2011) möglicherweise etwas zu streng als »krasse[n] Fehlgriff« abtut. Die Reihe, die sich in kurzen Vignetten das Matriarchat ausmalt, mag das Projekt der Emanzipation belächeln, aber strukturell folgt sie demselben ›Verkehrte Welt‹-Prinzip wie die kurz darauf folgenden, weit bekannteren Scherze über Herr und Hund. Unter der Führung einer Schiffskapitänin, so folgert Loriot etwa, werden Männer und Kinder als erste in die Rettungsboote steigen dürfen – viel garstiger wird es nicht. Und wenn in einem anderen Bild Männer für die Gleichberechtigung auf die Straße gehen, nimmt das ja eigentlich nur die reaktionäre Männerrechtsbewegung der 1980er Jahre vorweg. Etwas altbackener geht es in der Reihe »Adam und Evchen« zu, die Loriot ab 1956 für die *Quick* zeichnet, dann aber so missraten findet, dass sie nie wieder abgedruckt wird. Auch, als schon die Ära der Knollennasenmännchen und -weibchen angebrochen ist, greift Loriot noch gelegentlich in die Klischeekiste: etwa mit der Politesse Irma B., die »dienstliche Pflichten mit fraulichen Interessen« verbindet und sich bei einem Unfallopfer nach dessen Schuhen erkundigt. Beschränken sich diese Karikaturen darauf, altbekannte Klischees zu bedienen, verhält es sich mit den Sketchen und Spielfilmen etwas komplexer.

Loriots Komik mag nicht feministisch sein, aber sie ist auch weit davon entfernt, bloß graumelierte Muttchen am Herd und hypersexualisierte Vamps in der Blondinenwitz-Tradition aufzubieten. Dem Thema Emanzipation nähert er sich so wie allen politischen Projekten: indem er die *Träger* der Ideologie mit ihren Schrullen karikiert, nicht die Sache selbst. Von plumper Frauenfeindlichkeit ist das weit entfernt – schon allein, weil die *männlichen* Figuren noch lächerlicher geraten und niemals zuletzt lachen dürfen, schon gar nicht auf Kosten ihrer Partnerinnen.

Die legendäre »Jodelschule« bringt das schön auf den Punkt. Zunächst gilt der Witz hier Frau Hoppenstedt, die auf die Frage des Reporters, was sie »als Frau« veranlasst habe, die Jodelschule zu besuchen, mit feministischer Empörungsrhetorik antwortet, bevor sie zu einer Reihe dürrer Selbstermächtigungsphrasen ausholt, um das mühsam auswendig gelernte »Holleri-du-dödl-di« als professionelle Errungenschaft zu verteidigen. Zur Zielscheibe des Gags wird im weiteren Szenenverlauf dann aber der von Heinz Meier gespielte *Herr* Hoppenstedt. Der kahlköpfige Meier, der an der Seite von Evelyn Hamann ohnehin immer ein wenig mickrig wirkt, wird von der Kamera eingefangen, als er gerade einer anderen Frau hinterherschielt. Im Gespräch mit dem Reporter erweist sich Hoppenstedt als unverbesserlicher Kleingeist und *mansplainer*, der seine angeblich gleichberechtigte Partnerin nie zu Wort kommen lässt. Er dürfte ein entfernter Verwandter des uneingeschränkt von sich selbst überzeugten Herrn mit der Nudel sein, der den Kellner anschnauzt und vor der Angebeteten mit beruflichen Erfolgen glänzen will.

In diesem Zusammenhang ist auch *Pappa ante Portas* von Interesse, der mit den streitlustigen Eheleuten Lohse eine Paarung in der Tradition der Screwballkomödien mit Katharine Hepburn und Spencer Tracy aufbietet – deren lustigster Film heißt leider nur in der deutschen Fassung *Ehekrieg* (engl. *Adam's Rib*, 1949). Besonders gut harmonieren die Lohses nicht, aber gerade aus diesem Grund schließen wir sie mehr ins Herz als ihre reibungslosen Pendants, die von Irmgard »Irm« Hermann und Hans Peter Korff grandios gespielten Hedwig und Hellmuth. Diese beiden Harmonie-Roboter gehören der Spezies demonstrativ Verliebter an, die man auf ihrem rosa Wölkchen am liebsten zum Mond schießen würde, denen man aber ihre Philemon-und-Baucis-Nummer zugleich nicht abnimmt. Liegt es daran, dass Hedwig und Hellmuth so wenig Lebensfreude ausstrahlen wie die beiden sauertöpfisch dreinblickenden Puritaner in Grant Woods berühmtem Ge-

Hedwig und Hellmuth und ihre Vorbilder in der Kunstgeschichte.

mälde *American Gothic* (1930), denen sie wie aus dem Gesicht geschnitten sind? Bei Rüdiger Hoffmann heißen Hedwig und Hellmuth später übrigens Ulla und Jochen. Andere Namen, selbe Plage: »Die sind immer einer Meinung, und wenn se mal ne andere Meinung haben, dann haben se sie aber auch beide.«

Als basisdemokratisches Lustspiel kommt uns *Pappa ante Portas* zwar nie auf die ganz bildungsbürgerliche Tour, aber eine zarte mythologische Anspielung platziert der Film dann doch. Im Rahmen der von Frau Lohses Kulturverein organisierten Dichterlesung bringt der Künstler letztlich nur einen Text zu Gehör: den kryptischen Vierzeiler *Melusine*, den wohl die meisten Loriot-Fans fehlerfrei aufsagen können. Der Witz dieses Gedichts besteht darin, dass sich zwischen dem im Titel anklingenden Mythos und seinem reichlich verschwurbelten Inhalt keinerlei Verbindung herstellen lässt. Dennoch dürfte der *Melusine*-Stoff nicht zufällig gewählt sein, geht es doch in der bereits im Mittelalter verzeichneten Geschichte um die Fesseln der häuslichen Sphäre und darum, dass Mann und Frau partout nicht zueinanderkommen können. Die schöne Melusine ist eine Meeresfee, die menschliche Gestalt annimmt, sich aber regelmäßig wieder zurückverwandelt und dieses Geheimnis erfolglos vor dem Ritter verbergen möchte, der um sie wirbt. Goethe macht daraus später eine emanzipationsskeptische Binnenerzählung in *Wilhelm Meisters Wanderjahre* (1821/29). Goethes Melusine stammt aus dem Zwergenreich, das dank seiner handlichen Größe bequem vom liebestollen Jüngling transportiert werden kann. Dieser fragt sich denn auch: »Ist es denn ein so großes Unglück, eine Frau zu besitzen, die von Zeit zu Zeit eine Zwergin wird, so daß man sie im Kästchen herumtragen kann? Wäre es nicht viel schlimmer, wenn sie zur Riesin würde und ihren Mann in den Kasten steckte?« Da sind wir dann wieder beim Dilemma der Lohses und der Hoppenstedts: Wie »groß« darf die Partnerin sein, und wie viel Freiheit und Selbstverwirklichung muss der Ehemann ihr zugestehen, wenn sie »was Eigenes« will?

Die bei Goethe anklingende Vorstellung vom privaten Reich, das sich als tragbares Schmuckkästchen gegen die Gefahren von außen verteidigen lässt und mit einer serienmäßig gelieferten, dekorativen Gattin im Westentaschenformat ausgestattet ist, kommt nicht erst Loriot merkwürdig vor. Schon die Romantiker um Caroline Schlegel sind bekanntlich »fast von den Stühlen gefallen vor Lachen«, als sie über das altbackene Weiblichkeitsideal in Schillers *Lied von der Glocke* (1799) stolperten, und Henrik Ibsen lässt genau 100 Jahre vor dem Weihnachtsfest der Hoppenstedts seine Nora Helmer gegen die Grenzen ihres Puppenheims (1879) rebellieren.

Natürlich sind die Selbstverwirklichungsversuche von Evelyn Hamanns Figuren dann auch wieder ironisch gebrochen. In *Ödipussi* erntet Margarethe Tietze für ihren Musical-Auftritt nur Häme (»Verklemmte Diplompsychologin tanzt sich frei!«),

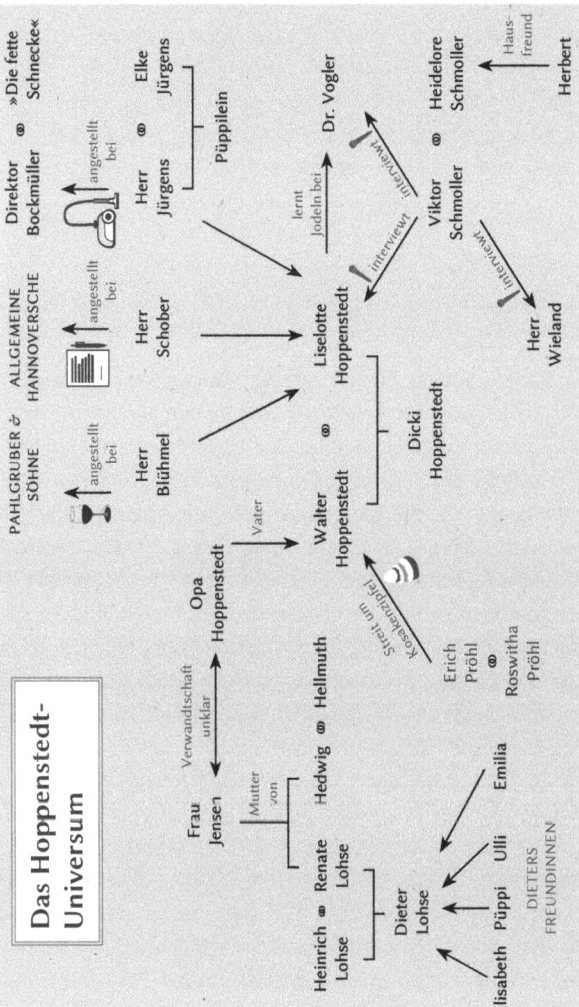

Das Hoppenstedt-Universum

Direktor Bockmüller ⚭ »Die fette Schnecke«

Herr Jürgens ⚭ **Elke Jürgens**
  angestellt bei
  └ Püppilein ┘

Herr Schober
  angestellt bei
  ALLGEMEINE HANNOVERSCHE

Herr Blühmel
  angestellt bei
  PAHLGRUBER & SÖHNE

Liselotte Hoppenstedt
  lernt Jodeln bei **Dr. Vogler**
  interviewt

Viktor Schmoller ⚭ **Heidelore Schmoller**
  interviewt **Herr Wieland**
  Herbert — Hausfreund

Walter Hoppenstedt ⚭ **Liselotte Hoppenstedt**
  └ Dicki Hoppenstedt ┘
  Vater

Opa Hoppenstedt
  Verwandtschaft unklar

Erich Pröhl ⚭ **Roswitha Pröhl**
  Streit um Kostenpegel

Frau Jensen
  Mutter von

Hedwig ⚭ **Hellmuth**

Heinrich Lohse ⚭ **Renate Lohse**
  └ Dieter Lohse ┘

Emilia
Ulli
Püppi
Elisabeth
DIETERS FREUNDINNEN

Kontrovers diskutiert wird in der Forschung weiterhin die Frage, ob es sich bei Dieters Freundin Püppi und Püppilein, der Tochter von Herrn und Frau Jürgens, um dieselbe Person handelt.

> »Mein Hauptthema war immer die mangelnde Kommunika-
> tionsfähigkeit. Das Aneinandervorbeireden der Menschen,
> die bestimmte Dinge miteinander bereden wollen und trotz-
> dem auf ein falsches Gleis geraten. Also der Mann, der seine
> Frau fragt: Liebling, wann gibt es Essen? Und sie sagt: Mein
> Gott, ich kann doch nicht hexen. In dieser Antwort liegt be-
> reits die Keimzelle zu einem stundenlangen Missverständnis,
> wenn nicht zu einem lebenslangen Zerwürfnis.« (Loriot im
> Gespräch mit Gero von Boehm, 1986)

und Renate Lohses Flucht vor dem zwangsverrenteten Ehemann – *this gutbürgerliche Villa ain't big enough for the two of
us* – führt nur zu einem halbherzigen Arbeitsversuch am Scho-
koladenfließband. Vielleicht hat es doch Frau Hoppenstedt am
besten getroffen? Sie trägt zumindest einen kleinen Sieg über
ihren Mann davon, als dieser völlig perplex in das Bacchanal
platzt, das sie mit den drei Handelsvertretern angerichtet hat.
Dem geradezu penetrant fortschrittlichen Herrn Hoppenstedt
steht beim Anblick seiner beschwipsten Frau die Frage ins fas-
sungslose Gesicht geschrieben, ob es wirklich nur das ›Heinzelmann‹-Gerät ist, das im heimischen Wohnzimmer zuverlässig saugt und bläst, während er beruflich auf Reisen ist.

Eitle Alphamännchen, die den stillschweigenden Gehor-
sam ihrer Partnerinnen voraussetzen, sind aber bei Loriot eher
die Ausnahme. Meist reden *beide* Partner, wenn auch aneinander vorbei. Nicht nur die animierten »Szenen einer Ehe«, diese
verkappten Selbstgespräche, in denen Loriot passenderweise
beide Parteien spricht, sind deswegen beliebte Anschauungs-
objekte in der Kommunikationswissenschaft, etwa zur Illustration des ›Nachrichtenquadrats‹ (Friedemann Schulz von

Thun). Es besagt, dass wir neben dem sachlichen Anliegen immer auch Aussagen über unsere Befindlichkeit, unsere Beziehung zur angesprochenen Person und unser eigentliches Ziel mitkommunizieren. Das macht Sätze à la »Wie findest du mein Kleid?« zu enormen Gefahrenherden, an die sich Loriot mit so virtuosen Mitspielerinnen wie Gerda Gmelin (im »Kosakenzipfel«) und Ingeborg Heydorn (in der »Eheberatung«) vortastet. Als seine bekannteste Mitspielerin darf aber Evelyn Hamann gelten.

Evelyn Hamann

Als Loriot seine erste Sendung für Radio Bremen vorbereitet, muss er eine Darstellerin für die Ehefrau im Sketch »Gran Paradiso« finden. Obwohl ihm für die Rolle der Touristin, die mit Mann und Kind orientierungslos durch das erbarmungslos zubetonierte mediterrane Fischerdorf irrt, eigentlich eine füllige blonde Hausfrau vorschwebt, verpflichtet er auf Anraten von Jürgen Breest ein Ensemblemitglied des Bremer Theaters, auf das diese Beschreibung so gar nicht zutrifft. Evelyn Hamann, 1942 geboren und damit fast 20 Jahre jünger als Loriot, stammt aus einer norddeutschen Musikerfamilie und kann Mitte der 1970er Jahre schon eine beachtliche Bühnenlaufbahn sowie ein paar kleine Engagements im Fernsehen vorweisen. Nach ihrer Rolle in »Gran Paradiso« tritt sie in der nächsten Folge als Zimmermädchen auf, und schon ab *Loriot III* übernimmt sie so gut wie alle weiblichen Hauptrollen an der Seite Loriots, der seine feste Partnerin vor der Kamera gefunden hat.

Das versteht sich nicht von selbst – nicht nur, weil Loriot in den Trickfilmen weibliche Parts selbst einspricht. In Comedy-

Serien, die ganz auf einen oder mehrere männliche Stars zugeschnitten sind, kommt es schließlich häufig vor, dass diese auch selbst die Frauenrollen übernehmen. Im englischen Sprachraum praktizieren das u. a. Monty Python und Benny Hill, in der BRD z. B. *Harald und Eddi* (1987–89), die mit Erfolg die Sketche der *Two Ronnies* nachdrehen. Diese Travestie hat einen zweischneidigen Effekt. Einerseits wird Frauen der Zugang zum männlich dominierten Comedy-Geschäft erschwert, andererseits wird die gängige Klischeeparade aus hysterischen Hausfrauen damit auch als reines Spiel und als männliche Phantasie vorgeführt. Wenn Loriot gemeinsam mit Evelyn Hamann vor die Kamera tritt, entfällt dieser Schutzschild – die beiden ›spielen‹ nicht nur, sie meinen das ernst. Selbst bei Travestienummern wie in der Moderation zu *Loriot V* – er trägt ihr Kleid, sie seinen Anzug – bleibt die Symmetrie gewahrt. Loriot behält als Autor und Regisseur stets die Hosen an, aber vor der Kamera sind die Rollen zwischen ihnen gleich verteilt. Sie kämpfen auf Augenhöhe, weshalb aus Evelyn Hamanns Mund in *Pappa ante Portas* dieselbe Kampfansage ertönt, die Loriot in seiner Rolle als Herr Pröhl im »Kosakenzipfel« macht: »Aber nicht mit mir!«

Ihre präzise Artikulation und ihre Fähigkeit, keine Miene zu verziehen, empfehlen Evelyn Hamann immer wieder für die Rolle der geduldigen Interviewerin oder der Moderatorin. Das bedeutet nicht, dass sie ausschließlich als *straight (wo)man* auftritt, also in der vermeintlich undankbaren Rolle der Stichwortgeberin für den Star der Show, der ›vorne die Bälle reinmacht‹. So sind die Sketche auch nicht angelegt. Die Figuren, die Loriot spielt, wirken zwar auf den ersten Blick grotesker und häufig auch klamaukiger – man denke an seine Vorliebe für auffällige künstliche Zähne oder das schlecht sitzende

Die Interviewerin und das »Filmmonster« Vic Dorn.

Haarteil des Herrn mit der Nudel. Aber der komische Effekt entsteht fast immer im Dialog: aus dem wachsenden Unbehagen zwischen zwei Menschen, denen die Situation entgleitet, ohne dass sie dem etwas entgegensetzen könnten. Hamann fällt niemals aus der Rolle, auch dann nicht, wenn ihre Figuren in den Wahnsinn abgleiten, je mehr sie sich um professionelle Contenance bemühen. Das gilt für die Politesse, die vorschriftsmäßig die Parkuhrentragödie referiert, genauso wie für die Ansagerin, die über die zahllosen »th«-Laute in der Krimizusammenfassung stolpert. Die Kamera hält immer drauf, und bevor wir es merken, sind wir gemeinsam mit Evelyn Hamann in einen anderen Bewusstseinszustand gerutscht – sei es das nackte Entsetzen der Interviewerin, vor der ein ›echtes‹ Monster sitzt, oder die sanfte Trunkenheit von Frau Hoppenstedt, die sich nach ein paar Gläsern Wein endlich mal das »Glied« von der Seele reden kann. Auch die im Gegenschuss zu sehenden beschwipsten Vertreter lauschen ihr gebannt.

Anders als in den Kinofilmen treten Loriot und Evelyn Hamann im Fernsehen kaum als Ehepaar auf. Verlangt der Sketch nach einer alterskompatiblen Gefährtin, um die freudlose Stagnation des Ehelebens zu demonstrieren, wählt sich Loriot Ingeborg Heydorn als Partnerin; umgekehrt wird Hamann eher mit Heinz Meier oder Rudolf Kowalski zusammengebracht, um die jüngere Ausgabe der Spießerpaare darzubieten. Wiederholt umgarnt Loriot aber in den Sketchen Hamann nach Art der *star-cross'd lovers* (»Sie konnten beisammen nicht kommen«). Das steht dann doch wieder in der Tradition der romantischen Komödie, die ja ihren Reiz aus dem Aneinander-vorbei-Schmachten bezieht. Kommt es erst einmal zum Kuss, ist dramaturgisch nicht mehr viel zu wollen. Folgerichtig blendet *Ödipussi* bei seinem je nach Lesart sehr hoffnungsvollen oder unheilschwangeren Schluss vor dem obligatorischen Happy End ab, wenn der Wagen mit den beiden Spätverliebten vom Kurs abkommt und querfeldein ins Ungewisse steuert. Das Spätwerk von Loriot entwirft dann aber doch noch so eine Art Beziehungslogik für das Paar: erst schüchtern verliebt (*Ödipussi*), dann als immer noch um die Führungsrolle streitendes Ehepaar (*Pappa ante Portas*) und schließlich als eingespieltes Team, in dem *sie* den Takt angibt (*Der 70. Geburtstag*).

Dass vor allem die beiden Kinofilme wirklich ans Herz gehen, ist besonders Evelyn Hamanns Verdienst. Als Margarethe Tietze und Renate Lohse demonstriert sie in beiden Filmen Lebensklugheit und feine Ironie. Ihr Spiel wird hier beinah naturalistisch und kommt ihrem professionellen Credo, »ehrlich und überzeugend in [meinen] Mitteln« zu sein, sehr nah. Dass sie im Vorspann zu *Pappa ante Portas* vor Loriot genannt wird, ist nur fair, denn sie sorgt als emotionaler Anker dafür, dass die Kinofilme über ihre Nummerndramaturgie hinauswachsen. Trotzdem wären einzelne Szenen unter Überschriften wie »Die Vereinssitzung«, »Die Scrabble-Runde« oder »Die Zugfahrt« auch in den Fernsehsendungen gut aufgehoben.

Evelyn Hamann hat sich im kollektiven Gedächtnis vor allem als die wandlungsfähige Dame an Loriots Seite eingeprägt, aber das dürfte ihr wenig ausgemacht haben. Kleinere Rollen in Krimis und Familienserien bestreitet sie ebenso professionell wie die obligatorischen Auftritte in größeren Unterhaltungssendungen, die in Deutschland zum Geschäft gehören. Evelyn Hamann, die Will Smith bei einer Ausgabe von *Wetten, dass..?* die Hand schüttelt, das gehört sicher zu den skurrileren Momenten der deutschen Fernsehgeschichte. Ist Frau Hoppenstedt wirklich mal einem von den *Men in Black* über den Weg gelaufen? Aber warum auch nicht, denn schließlich bestand Evelyn Hamanns Karriere nicht bloß darin, auf das nächste Loriot-Projekt zu warten. Mit der Schmunzelkrimi-Reihe *Adelheid und ihre Mörder* (1992–2006) und *Evelyn Hamanns Geschichten aus dem Leben* (1993–2005) gelangen ihr weitere Quotenerfolge. Hans Peter Korff, der in *Pappa ante Portas* den geradezu grotesk-sanftmütigen Schwippschwager Hellmuth spielt, erinnert sich an eine gemeinsame Tournee mit ihr als »furchtbar«, weil sie von Loriot den perfektionistischen Gestaltungsanspruch mitgebracht hatte.

Dass vor allem Schauspieler*innen* schnell als Diven verschrien werden, wenn sie auf ihren Standpunkt beharren, und es im Feld der Comedy sowieso nicht leicht haben, ist bekannt. Besonders die Sendung zu Loriots 65. Geburtstag lohnt in dieser Hinsicht einen Blick, denn die ist ganz um Evelyn Hamanns Strapazierfähigkeit organisiert. Sie ist hier den Launen der von Loriot gespielten Showbusiness-Karikaturen ausgesetzt, wird von diesen ignoriert, von oben herab behandelt und angebaggert, vom allürenhaften Maskenbildner gar als »*Edith* Hamann« bzw. als »Evelyn *Hacksmann*« tituliert.

Eine zurückhaltende, aber umso berührendere Liebeserklärung macht Loriot seiner langjährigen Partnerin, als er 2007 von ihrem Krebstod mit gerade einmal 65 Jahren erfährt und für sein bereits fertig aufgezeichnetes, aber noch nicht ausgestrahltes Gespräch mit Reinhold Beckmann noch ein kleines Postskriptum aufnimmt. Er rühmt ihr zuverlässig perfektes Timing, nur habe sie diesmal die Reihenfolge nicht eingehalten: »Na, warte!«

Der Zipfel der Frechheit

Eine der surrealsten Sequenzen im Werk von Loriot findet sich in *Ödipussi*. Im Hotel in Italien kreuzen Frau Tietze und Herr Winkelmann den Weg eines greisen Casanovas und einer Marilyn-Monroe-Kopie, die in einer Art sexuell aufgeladenem Hasch-mich-Spiel über den Korridor jagen. Sind die beiden aggressiv flirtenden Turteltauben, die ebenfalls von Loriot und Evelyn Hamann gespielt werden, Wunschprojektionen von Frau Tietze und Herrn Winkelmann, was in einem lose auf Freud basierenden Film über zwei verklemmte Spätentwickler ja durchaus plausibel wäre? In jedem Fall wird hier mal eine Lockerung des Triebstaus in Aussicht gestellt, wie sie Loriot nur ganz selten andeutet, etwa wenn beim »Bettenkauf« die beiden sehr unterschiedlichen Paare aufeinandertreffen (»Wir sind nicht verheiratet.« – »Ach … ach was!«) und Evelyn Hamanns Figur im Bettenmodell ›Andante‹ schon einmal rhythmische Bewegungen erprobt. Laut den Romanen von John Updike müssen die amerikanischen Vororte in den frühen 1970er Jahren ja nur so von Ehepaaren gewimmelt haben, die mit Autoschlüsselpartys die Freuden des Partnertauschs entdeckten. Bei Loriot wird zu dieser Zeit allenfalls bildungsbürgerlich geswingt, indem das verfügbare Kartenkontingent an der Opernkasse spontan neue Paarungen entstehen lässt (»Drei Erwachsene und ein Riesenschnauzer!«).

Den bekannten Loriot-Satz, wonach Männer und Frauen einfach nicht zusammenpassen, hat der Volksmund später um den zotigen Nachtrag »außer in der Mitte« ergänzt, aber in Wahrheit wird der Unterleib bei Loriot von vornherein nicht ausgespart. Sicher gibt es da einige Paare, bei denen die Sexualität bereits sanft entschlafen ist. Sie marschieren gemeinsam zur Therapeutin, wo sie aber zuverlässig nur die eigenen Neurosen kultivieren und sich nicht einmal mit Nachhilfeunterricht aphrodisieren lassen. Am Assoziationstest mit dem sinnlichen Rubens-Gemälde *Der Raub der Töchter des Leukippos* (1618) scheitern im Sketch »Eheberatung« jedenfalls beide Partner. Herr Blöhmann mutmaßt, auf dem Bild werde Reitunterricht erteilt, während sich seine Frau »mehr so [an] Urlaub« erinnert fühlt. Damit besteht sie immerhin den Schicklichkeitstest, den Gustave Flaubert in seinem ironischen *Dictionnaire des idées reçues* (dt. *Wörterbuch der Gemeinplätze*, posth. 1913) erwähnt – eine wirkliche Dame »sollte den Unterschied zwischen einem Pferd und einem Hengst nicht kennen«.

Aus diesem Lustkoma gibt es in der Regel kein Erwachen mehr. »Liebe im Büro« zeigt, wie die verkrampften Verführungsversuche von Herrn Direktor Meltzer schon durch seine sachliche Wortwahl (»Renate, lassen Sie uns zur Sitzgruppe gehen!«) von vornherein zum Scheitern verurteilt sind. In *Pappa ante Portas* überrumpelt Herr Lohse, dessen Frau wegen seiner senilen Anwandlungen ohnehin mehr als geduldige Pflegerin denn als romantische Partnerin in Erscheinung tritt, die Gattin beim gemeinsamen Einkaufsbummel mit der Frage, ob sie vielleicht mal schwarze Unterwäsche ausprobieren will, nur um festzustellen, dass die von hinten angesprochene Person in Wahrheit ein wildfremder Mann ist. Wir können uns beim Zuschauen selbst zusammenreimen, dass Herr Lohse seine erotische Wunschvorstellung nach diesem Lapsus vermutlich bis ans Ende aller Tage für sich behalten wird.

Der Sex ist bei Loriot allgegenwärtig. Auch wenn er sich manchmal unter die Oberfläche zurückzieht, kann er jederzeit von einer kleinen Freud'schen Fehlleistung oder auch einer derberen Zweideutigkeit wieder hervorgelockt werden. In *Ödipussi* gibt Frau Winkelmann ihrem Sohn Paul während dessen Verabredung telefonisch den Tipp durch, »ihn« (gemeint ist ein Hefezopf) noch vor dem »Reinschieben« mit Eigelb einzustreichen; beim Scrabble-Streit um das Nicht-Wort »Schwanzhund« blickt sie wohl auch nicht ganz zufällig Paul an, als sie kategorisch erklärt, in ihrem Haus gebe es keine Hunde ohne Schwanz. Nicht alle Zweideutigkeiten springen sofort ins Auge. Mir ist z. B. beim Sketch »Liebe im Büro« lange Zeit entgangen, dass während Herrn Meltzers Verführungsversuch ausgerechnet ein Herr von der »IFAG« (lies: *I fuck*) Mannheim anruft. Jetzt, da ich es heraushöre, komme ich mir ein wenig wie der Patient in dem alten Psychiaterwitz vor, der beim Rorschachtest nur Ferkeleien erkennt und auf den Einwand des Therapeuten, er sei zu sexfixiert, zurückschnauzt: »Wieso denn? *Sie* sind doch der, der die ganzen schweinischen

Bilder zeigt!« Im Unterschied zu manchen Kultursnobs macht Loriot aber keinen Unterschied zwischen vermeintlich niveauvollen und primitiven Witzen; er verzieht auch bei Zoten keine Miene. In einer *Cartoon*-Folge verspricht er Damen der besseren Gesellschaft Tipps für ein erfolgreiches Gartenfest, bebildert die Lektion aber mit historischen Aktaufnahmen. Während eine nackte Frau auf einem Feld zu sehen ist, erfährt man dann vom Sprecher in nüchternem Tonfall, zur Vorbereitung des Fests solle die Dame mit einer Sichel »einen nicht zu großen intimen Bereich« in hohem Grase lichten.

In der Weihnachtsfolge geht es besonders frivol zu. Da wird Opa Hoppenstedt im Spielzeugladen in eine Diskussion darüber verwickelt, ob sein phallisch benanntes, wenn auch Gender-ambiges Enkelkind Dicki »ein Zipfelchen« hat oder nicht, während eine andere Kundin einen zylinderförmigen Holzbaustein völlig selbstvergessen immer wieder durch ein Loch schiebt. Wie als Fortsetzung dieser Debatte streiten sich Herr Hoppenstedt und Herr Pröhl kurz darauf darüber, wer den längsten, pardon: wer den *größten* Teil vom (Kosaken-)Zipfel abbekommen hat. (»Mit seinem Kosakenzipfel versteht Walter keinen Spaß«, bekräftigt seine Frau, die es wissen muss.) Bei dieser bumsfidelen Grundstimmung bleibt es. Weinvertreter Blühmel haut mit derselben Geste auf seine Flaschen, mit der andere den Geschlechtsverkehr pantomimisch umschreiben; Herr Jürgens rätselt bei der Staubsaugervorführung darüber, wie sich der »Schlauchstecker« bzw. der »Stauchschlecker« des Saugblasers (!) am besten in die »Schlauchnut« einführen lässt; und später läuft im Hoppenstedt'schen Fernseher noch die Produktpräsentation des »Familien-Original-Benutzers« mit seiner kondomartigen Gummioberfläche: »formschön, wetterfest, geräuschlos, hautfreundlich, pflegeleicht«. Manchmal mag eine Zigarre bloß eine Zigarre sein, aber hier werden gewiss nicht nur diejenigen derb assoziieren, die bei ornithologischen Vorträgen kichern, sobald der Dozent den Akkusativ-Plural von »Vogel« benutzt.

Wie nicht nur der Zipfelkrieg zwischen den beiden arrivierten Herren im Restaurant unterstreicht, ist die Zote bei Loriot Teil eines größeren Gesellschaftskommentars, der vor allem auf verhinderte Alphamänner abzielt. Wir wissen nicht genau, was der Interviewer im Sinn hat, wenn er sich bei Herrn Professor Häubl erkundigt, ob man die »pneumatische Plastologie« auf *jedes* Körperteil anwenden kann, aber er scheint einigermaßen enttäuscht, als er sich bei seinem ersten Selbstversuch nur die Nase vergrößert. (Nach einem Gegenmittel gefragt, greift der Experte auf einen Tipp aus der Blütezeit des vorsintflutlichen Keuschheitsdiskurses zurück: »Denken Sie an was Kaltes!«) Die beiden »Herren im Bad« stecken ihr Revier u. a. mit Herumgeprotze in der Tradition von »Mein Haus, mein Auto, meine Yacht!« ab, und ihre Kampfansagen – Herr Müller-Lüdenscheidt leitet »eines der bedeutendsten Unternehmen der Schwerindustrie« – werden durch die entblößten, eher kümmerlichen Genitalien mehr verneint als unterstrichen. Das ist dann doch wieder sehr klassisch psychoanalytisch gedacht. Laut dem an Freud anknüpfenden Jacques Lacan gilt, dass nur, wer den Phallus besitzt, mitreden darf. Oder um es mit den Worten der von mehreren Gläsern Hupfheimer Jungferngärtchen (!) aufgewühlten Frau Hoppenstedt zu sagen: »Auch ich als Frau habe Anspruch darauf, ein Glied zu sein in der Gesellschaft, ein selbständiges Glied, das auf eigenen Füßen steht – ein eigenes Glied.«

Loriot for President!

Bei derart viel Wertschätzung, wie sie Loriot genießt, sollte man eigentlich misstrauisch werden und fragen, wo denn da bitte der Backlash bleibt. Für den ist es vermutlich zu spät. Wer sich heute noch damit interessant machen möchte, Loriot für überbewertet zu halten, der könnte genauso gut versuchen, den kulturellen Stellenwert der Beatles oder die Gesundheitsverträglichkeit von Gemüse anzuzweifeln. Ich halte es mit Max Goldt, der schon 2011 festgestellt hat, es gebe »keine Loriot-Überschätzung«, und der im selben Atemzug mutmaßt, dass es schon einiger ziemlich schockierender Enthüllungen bedürfte, um den liebsten Humoristen der Deutschen vom Sockel zu stoßen: »Würde aber jemand der Behauptung Glauben schenken, Loriot habe eine geistig behinderte Tochter im Keller verwahrt, die 40 Jahre lang von ihm mißbraucht wurde? Kaum.« Da hat Max Goldt recht, zumal von Loriot die Äußerung überliefert ist, er habe nur zwei Dinge im Leben bereut: nämlich den Lottorentner nicht selbst gespielt und sein Haus nicht unterkellert zu haben.

Gelegentlich kratzt Loriot selbst ein wenig an seinem Image als formvollendeter Conférencier, setzt sich die Maske des »Filmmonsters« auf oder erzählt in einem Interview mit der

Ärzte-Zeitung (1988), er unterdrücke seit Jahrzehnten »den übermächtigen Wunsch, Rentner ihrer letzten Habe zu berauben, die Frauen verreister Gastarbeiter zu vergewaltigen, öffentliche Verkehrsmittel zu verunreinigen und ähnliches mehr«. Aber sind die Leute deswegen mit Mistgabeln in der Hand auf sein Anwesen am Starnberger See marschiert oder haben eine Verbannung seiner Schriften aus den öffentlichen Bibliotheken gefordert? Wohl kaum. Überliefert sind allenfalls vereinzelte Beschwerdebriefe, die in ihrer demonstrativen Übellaunigkeit schon wieder zum Lachen reizen. Loriot berichtet selbst von erbosten Zuschriften, denen zufolge der verunglückte Kuss der beiden Brillenträger in »Liebe im Büro« die Kurzsichtigen diskriminiere.

Am nächsten kam einer Delle in der allgemeinen Wertschätzung noch die Enthüllung, dass der frühe Loriot einmal bei der Konkurrenz abgeschrieben haben soll. John Cleese, Gründungsmitglied von Monty Python, erzählt in seiner Autobiographie *So, Anyway...* (2014) einen seiner frühen Revuesketche nach: Auf einer Tournee in den 1960er Jahren tritt Cleese als Journalist auf, der einen Tiefseetaucher interviewen soll, dann aber einem Versicherungsvertreter gegenübersitzt, ohne deshalb vom vorbereiteten Skript abzuweichen. Dieselbe Prämisse liegt dem »Astronauten«-Sketch (1972) von Loriot zugrunde. Erkundigt sich Cleese beim Vertreter, wie vielen Haiangriffen dieser ausgesetzt und in welche Tiefe er sich schon vorgewagt habe (»Kellergeschoss, schätze ich«), wird bei Loriot der Beamte Herr Wieland nach der Rolle der Schwerelosigkeit im Verwaltungsapparat gefragt. Das ist ein recht eindeutiger Fall von Witzplagiat, der nicht allen als Kavaliersdelikt gilt. Unüblich war das in der Nachkriegszeit nicht, als sich Georg Kreisler bei Tom Lehrer bediente, junge Zeichner der

1950er Jahre (wie Loriot) auf Geheiß ihrer Illustrierten bei englischen Blättern und die Gagschreiber von Otto Waalkes bei Woody Allen. Loriot hat genügend popkulturelles Karma auf dem Konto, um diese Scharte auszuwetzen. In meinen Augen werden die Verhältnisse von Vor- und Nachzeitigkeit schon dadurch wieder geradegerückt, dass er mit seinem für *Cartoon* gedrehten Sketch »Liebesgeschichte« (1972), in dem zwei schwule Cowboys Hand in Hand zum Thema aus *Love Story* (1969) über die Wiese tanzen, Ang Lees schönen Film *Brokeback Mountain* (2005) bereits mehr als 30 Jahre *vor* dessen Entstehung auf die Schippe nimmt.

Auch wenn Loriots Weste nicht *schaumol*weiß ist, darf man doch ein wenig bedauern, dass ihn die Deutschen nie zum Bundespräsidenten gewählt haben. Als Satiriker hat er glaubhaft das Prinzip der Überparteilichkeit verkörpert und sich nie von links oder rechts vereinnahmen lassen. Genau wie Gerhard Polt geißelt er nicht parteipolitische Ideologie, sondern menschliche Schwächen, und wenn sich Loriot im Gespräch mit dem *Magazin* 1973 selbst als einen jener bedeutungslosen Liberalen bezeichnet, die allenfalls das »Zünglein an der Waage spielen« können, dann liest sich das beinah schon wie ein Bewerbungsschreiben um das höchste deutsche Staatsamt. Das Stellenprofil füllt er ohnehin aus, sowohl als Inbegriff würdevoller Zurückhaltung wie auch als Festredner, der mit seinen Worten das hundertjährige Bestehen der Berliner Philharmoniker ebenso zu veredeln wusste wie das des FC Bayern München. Was souveräne Gelassenheit angeht, kann Loriot in der Popkultur ohnehin bloß Snoopy auf dem Dach seiner Hundehütte das Wasser reichen. Angesichts der staatsmännischen Größe unseres »heimlichen Bundespräsidenten« (Hape Kerkeling) ist es eigentlich kaum hinzunehmen, dass Loriot bei der

Unser heimliches Staatsoberhaupt kurz vor der Neujahrsansprache.

vom ZDF initiierten Blödsinnswahl zum »größten Deutschen« im Jahr 2003 nur auf Platz 54 kam und u. a. von Konrad Adenauer (Platz 1), Boris Becker (35) und Heino (47) geschlagen wurde. Ein wenig wurden die Verhältnisse bei der Wahl zum größten Komiker im Jahr 2007 immerhin wieder geradegerückt – hier belegte Loriot Platz 1, während Adenauer nicht mal unter die ersten 100 kam.

Über die bundespräsidialen Weihnachtsansprachen wird ja gern gespöttelt, im Grunde könne man es mit denen so handhaben, wie es die ARD 1986 tat, als sie versehentlich Helmut Kohls Neujahrsrede aus dem Vorjahr wiederholte. An den Kernbotschaften ändert sich ja in der Regel nicht so viel. Ich halte das tatsächlich für einen guten Vorschlag. Mit einer feststehenden Rede, die sich *niemals* verändert, ließe sich sogar ein echter Ritus etablieren. Wir alle wüssten den Text irgendwann mitzusprechen, freuten uns auf unsere Lieblingsstellen (»Schatz, komm schnell, jetzt sagt er gleich wieder das mit dem sozialen Dingsbums!«), könnten gar im Lauf der Jahre die Darbietungen unterschiedlicher Würdenträger bewerten, die dasselbe Skript rezitieren – früher war mehr Lametta, und letztes Jahr war's irgendwie empathischer. Solange sich diese Idee nicht durchsetzt, müssen wir uns anders behelfen. Die alljährliche Wiederholung von *Weihnachten bei Hoppenstedts* übernimmt einen Teil dieser rituellen Funktion, denn im Lachen über vertraute Pointen entsteht Gemeinschaft. Da sind wir wieder bei unseren allgegenwärtigen, textsicheren Loriot-Sprechern vom Anfang. Vielleicht muss gar kein Ruck durch Deutschland gehen, sondern bloß das vom nach vorn durchgestreckten Arm begleitete »Tatta-*uff*!« von Opa Hoppenstedt. Selbst wenn *Pschyrembels Klinisches Wörterbuch* nie die Steinlaus aufgenommen und niemand ein Tierchen aus der Familie der Ameisensack-Spinnen nach Loriot benannt hätte – dieses Vermächtnis wird bleiben.

Als Loriot am 22. August 2011 im Alter von 87 Jahren starb, wurde er auf dem Berliner Waldfriedhof Heerstraße beigesetzt. Noch heute legen Fans dort Badeenten ab, aber auf eine dem Klassiker angemessene Inschrift wurde verzichtet. Weder »Ich kann länger als Sie!« noch »Jetzt wird's gemütlich!« zieren den Grabstein, noch nicht einmal jenes knappe Ein-Wort-Vermächtnis, das Loriot uns allen eingeimpft hat und das hier den Abschluss bilden soll. Möglicherweise geht es auf Heinrich von Kleist* zurück, aber der dürfte keine Ur-

AMPHITRYON. Alkmene!
ALKMENE. Ach!
(Schlussdialog aus Heinrich von Kleist, *Amphitryon* [1807], 3. Akt, 11. Szene)

heberschaft (mehr) geltend machen. Denn niemand hat so gewitzt in die Welt geblickt und ihr gleichzeitig so fassungslos gegenübergestanden wie Loriot mit seinem unverwüstlichen: »*Ach...!*«

Werke von Loriot (Auswahl)

- Auf den Hund gekommen (1954)
- Der Weg zum Erfolg (1958)
- Umgang mit Tieren (1962)
- Der gute Geschmack (1964)
- Loriots Großer Ratgeber (1968)
- Loriots heile Welt (1973)
- Loriots dramatische Werke (1981)
- Möpse und Menschen. Eine Art Biographie (1983)
- Sehr verehrte Damen und Herren ... (2005)
- Loriots kleiner Opernführer (2005)
- Gesammelte Prosa (2006)
- Bitte sagen Sie jetzt nichts (2011)
- Spätlese (2013)
- Der ganz offene Brief (2014)

Alle dieser Bände sind bei Diogenes erschienen.

Lektüretipps

Bers, Anna / Hillebrandt, Claudia (Hrsg.): Loriot. München 2021. [Text + Kritik. 230.]

Ehlert, Uwe: »Das ist wohl mehr 'ne Kommunikationsstörung«. Die Darstellung von Mißverständnissen im Werk Loriots. Nottuln 2004.

Engel, Sonja / Schrage, Dominik: Das Spießerverdikt. Invektiven gegen die Mittelmäßigkeit der Mitte im 19. Jahrhundert. Bielefeld 2022.

Gernhardt, Robert: Was gibt's denn da zu lachen? Kritik der Komiker, Kritik der Kritiker, Kritik der Komik. Zürich 1988 [u. ö.].

Goldt, Max: »Touristische Perspektiven für Münster« (2011). In: M. G.: Lippen abwischen und lächeln. Die prachtvollsten Texte 2003–2014. Berlin 2016. S. 415–422.

Gumpert, Steffen / Metz, Denis (Hrsg.): Cartoons für Loriot. Oldenburg 2012.

Hildesheimer, Wolfgang: »Gedanken zu einem Gedicht von Loriot«. In: Der Rabe 9 (1985) S. 150–154.

Kaiser, Joachim: »Loriot, der Schriftsteller«. In: Keel (2003) [s. u.]. S. 178–191.

Keel, Daniel (Hrsg.): Loriot und die Künste. Eine Chronik unerhörter Begebenheiten aus dem Leben des Vicco von Bülow zu seinem 80. Geburtstag. Zürich 2003.

Koob, Dirk: »Loriot als symbolischer Interaktionist, oder: Warum man selbst in der Badewanne gelegentlich soziale Ordnung aushandeln muss«. In: Forum Qualitative Sozialforschung 8 (2007) Nr. 1. Online: https://www.qualitative-research.net/index.php/fqs/article/view/221/488 [1. 2. 2023].

Kubitz, Peter Paul / Waz, Gerlinde (Hrsg.): Loriot. Ach was! Ostfildern 2009.

Lobenbrett, Dieter: Loriot. Biographie. München 2011.

Lukschy, Stefan: Der Glückliche schlägt keine Hunde. Ein Loriot-Porträt. Berlin 2013.

Marquard, Odo: »Loriot lauréat«. In: O. M.: Zukunft braucht Herkunft. Philosophische Essays. Stuttgart 2020. S. 190–195.

Neumann, Stefan: Loriot und die Hochkomik. Leben, Werk und Wirken Vicco von Bülows. Trier 2011.

Pabst, Eckhard: »›Das Bild hängt schief!‹. Loriots TV-Sketche als Modernisierungskritik«. In: Bers/Hillebrandt 2021 [s. o.]. S. 23–37.

Reuter, Felix Christian: Chaos, Komik, Kooperation. Loriots Fernsehsketche. Würzburg 2016.

Stölzl, Christoph: »Wir sind Loriot, oder: Ein Preuße lockert die Deutschen«. In: Loriot: Gesammelte Prosa. Zürich 2006. S. 711–717.

Süskind, Patrick: »Loriot und das Komische«. In: Keel (2003) [s. o.]. S. 15–24.

Tulzer, Friedrich: Loriot, der Dichter. Stuttgart 2012.

Ueding, Gerd: »Die Kunst der gesellschaftlichen Beredsamkeit. Nachwort zu Knigges Diskurs ›Über den Umgang mit Menschen‹«. In: Adolph Freiherr von Knigge: Über den Umgang mit Menschen. Frankfurt/Leipzig 2008. S. 423–454.

Wietschorke, Jens: »Psychogramme des Kleinbürgertums. Zur sozialen Satire bei Wilhelm Busch und Loriot«. In: Internationales Archiv für Sozialgeschichte der deutschen Literatur 38 (2013) Nr. 1. S. 100–120.

 mafia

 karl marx

 loriot

star wars

 asterix

 gehirn

Die drei ???®

stephen king

reclam.
100 seiten

 resilienz

 antike

reinhard mey

 susan sontag

feminismus

 depression

biodiversität

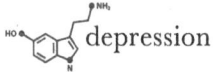

Für mehr Informationen zur 100-Seiten-Reihe:
www.reclam.de/100Seiten